전문가 매뉴얼

고립, 방황, 혼란,
착각 및
낯선 소리에 대한

GRAPE 인지치료

이수영 · 김경란 · 강지인 · 김보라 · 최수희 · 박진영 · 이 은 · 안석균 공저

학지사

서문

나는 2006년 9월 런던에서의 연수를 마친 후 귀국하여 정신증 고위험군(ultra-high risk for psychosis)에 대한 진료와 연구에 뛰어들기로 하였다. 나의 동료인 이은 교수와 강지인 선생에게 도와달라고 하였고, 흔쾌히 나와 함께하겠다고 하였다. 그분들과 상의를 거쳐서 고위험군에 대한 치료 프로그램을 개발하기로 하였고, 일차로 고위험군에 특이적인 인지치료를 개발하기로 하였다. 이 과정에 김경란 교수와 이수영 선생이 합류하여 인지치료 개발의 실제를 이끌었다. 연이어서 박진영 선생과 김보라 선생 그리고 최수희 선생이 속속 참여하였다. 우리는 모임의 이름을 'GRAPE(Green program for Recognition And Prevention of Early psychosis: 조기 정신증의 진단과 치료를 위한 녹색 프로그램)' 라 하였다. 'GRAPE' 는 세브란스병원 정신과의 정신사회적 치료 프로그램의 오래된 별칭으로서, 포도나무처럼 풍성한 열매를 맺고 가지치기를 위한 '사랑'이란 뜻을 담고 있다.

매주 토요일마다 모여 고위험군에 대해 공부하면서 우리는 몇 가지 익숙하지 않은 개념을 접하였고, 이것을 놓고 오랜 논의를 거듭하였다. 그중에서도 가장 고민되었던 것이 '정상화(normalization)' 였다. '누구든지 극심한 스트레스를 겪거나 잠을 못 자면 환청을 경험할 수 있다.' 는 말이었다. 정신사회적 치료 프로그램 역시 그저 열심히만 하는 새마을 운동이 아니라 과학적 기반에 기초해야 하고, 이를 위해서는 생물학적 모델을 기반으로 할 수밖에 없다는 입장에 서서 통합재활치료(integrated rehabilitation therapy, 물론 통합재활치료 개발자 모두가 이렇게 생각한 것은 아니었다.)를 개발했던 예전의 나와 같은 환원론자의 입장에서는 받아들이기 어려운 명제였다. 우리는 우선 '정상화'를 인지치료 프로그램을 운용하기 위해 잠정적으로 받아들이기로 하였다.

이제 진료를 개시할 이론적 준비가 되어, 2007년 3월에 세브란스정신건강병원과 세브란스병원에 'Clinic FORYOU'를 개설하고, 고위험군 연구클리닉을 운영하기 시작했다. 연구의 측면에서 역량이 확보될 때까지 자연경과 과정을 관찰하는 데 주안점을 두기보다는 횡적인 측면에서 고위험군의 정신사회적 특성이 무엇인지, 신경생물학적 기반은 어떤지에 주력하기로 하였다. 진료의 측면에서 치료 프로그램을 개발 · 검증하고, 이를 보급하기로 하였다. 우리는 이것을 우리의 사명이라 생각하였다. 치료 프로그램 개발의 원칙으로 정신분열증을 이고 가는 사람에게 적용되던 정신사회적 재활 전략을 단순 복사하여 제공하는 것이 아니라, 고위험군 단계-특이적인 치료 프로그램을 개발하며, 생산성(productivity)에 초점을 두기보다는 회복 과정(recovery process)에, 취약성(vulnerability)과 병리보다는 강점(strength)과 탄력성(resilience) 등의 보호인자에 강조점을 두기로 하였다. 그리고 생물학적 모델에 기반한 환원론을 따르기보다는 생물-정신-사회 모델을 따르기로 정하였다.

이 원칙에 따라 김경란 교수는 GRAPE 인지치료 고유의 특성으로 '정상화' '탄력성(resilience)' 및 '귀인 양식(attribution style)'을 제시하였다. 이수영 선생은 '정상화'와 '탄력성'을 통합하여 "그래요. 난 달라요. 하지만 잘못되었다는 것이 아니라, 세상을 다른 시각으로 볼 수 있는 강점이 있는 사람이에요."를 지향해야 한다고 주장하였고, 우리는 이를 따랐다. 강지인 선생의 논평은 우리의 GRAPE 인지치료에 대한 이해의 폭을 넓히고 깊이를 더해 주었으며, 박진영 선생은 Clinic FORYOU에서 고위험군 청년을 진료하면서 느낀 실제 경험을 제공해 주어 활력을 불어넣어 주었다. 이수영 선생은 개발 단계에서 2명의 고위험군 청년에게 적용하고, 그 산물을 바탕으로 김경란 교수와 함께 다시 회기를 정리하고, 다음 회기를 기록해 나갔다. 김보라 선생과 최수희 선생은 실제로 완성된 GRAPE 인지치료의 효과를 검증하는 데 노력을 아끼지 않았다. 나와 이온 교수는 이런 논의와 개발이 가능한 마당을 마련하였다.

이상 일 년여의 개발 과정을 통해 매우 구조화된 GRAPE 인지치료를 만들었고, 2년 6개월에 걸쳐 약 20여 명의 고위험군 청년에게 적용하고 그 효과를 확인할 수 있었다. 객관적 지표로 우리는 증상의 경감을 꾀할 수 있음을 보았다. "내가 말하면 분위기가 서먹해지고 그래서 사람들이 나를 불편해한다."라고 했던 한 청년이 회기의 마지막에는 "사람들이 나를 불편해하는 것이 아니라 '불편하다'는 내 생각이 문제였다."라고 말한 것처럼, GRAPE 인지치료는 분명히 작동하고 있다고 우리는 믿는다. 이를 실행하면서 우리 역시 변하였다. 이제 나는 '정상화'를 아무 거리낌 없이 받아들이게 되었다. 관해를 넘어 회복을 지향하고, 진정한 회복이 무엇인지 아직 명료히 정리되지는 않았지만, 늘 머릿속에 넣고 있다. 내가 정신분열증을 이고 가는 사람의 정신사회적 치료에 대해 여기까지 오고 또 앞으로도 계속해 나아갈 수 있는 세시스(thesis)를 던져 준 분은 이만홍 교수이며, 이 세시스는 우리 안에서 계속될 것이다. 이제 우리는 당초 우리의 목적에 따라 이 프로그램을 '청년 워크북'과 '전문가 매뉴얼'로 보급하기로 하였다. 이 과정에 출판을 담당한 학지사 김진환 사장님께 감사드린다. 정신의학과 심리학 분야의 발전을 위해 기꺼이 한 축을 담당하시는 분이란 것을 느낄 수 있었다.

우리 저자들은 GRAPE 인지치료 개발 과정에서 늘 새로움을 경험하였고, 지금까지 이는 우리 모두에게 즐거운 경험이었다. 또한 동료 저자와 이 책을 낸다는 것이 나에게는 큰 기쁨이다.

2010년 7월

동료 저자를 대표하여 안석균 드림

차 례

7회기

나의 핵심 신념 – 생각의 뿌리 찾기 • 151

8회기

자신감 회복 – 나의 멋진 모습 찾기 • 171

1 회기

위기를 기회로 바꾸는 시작 – 인지치료와의 만남

1. 환자의 긴장감을 줄이고 라포를 쌓기
2. 환자가 스스로의 문제를 이야기할 수 있도록 하기
3. 인지치료의 원리를 소개하기
4. 치료 구조 확립하기
5. 프로그램에 참여하기

본 인지치료 프로그램은 정신증 고위험군 환자를 대상으로 개발된 것이다. 치료자는 이들이 증상에 대해 불안감을 가지고 있고 이로 인해 어떤 치료자를 만나는 것에 예민해하고 불신을 가질 수 있다는 것을 이해해야 한다. 이러한 문제를 넘어 치료 과정에 대한 참여도를 높이고 라포(rapport)를 쌓기 위해 치료자는 다음과 같은 사항을 염두에 두고 시작해야 한다.

첫째, 환자로 하여금 치료자가 자신의 말을 잘 들어주고 이해하고 있다고 느끼게 한다. 이를 위해서는 다음의 간단한 원리를 기억하면 된다. 즉, "환자에게 질문을 한 후에는 그 대답에 대한 관심과 반응을 반드시 보여라."라는 것이다. 이는 환자의 치료 참여도를 높이는 강력한 방법이다. 환자가 말하는 동안 간단히 고개만 끄덕인다거나, 컴퓨터나 자료를 보고 있거나, 무심하게 다음 순서를 준비한다거나 하는 행동은 지양되어야 한다.

둘째, 환자에게 정기적으로 피드백을 받는다. 피드백은 한 가지 중요한 설명이 끝나면 환자가 이해하고 있는지 체크하고, 또한 일정 부분의 사항을 묶어서 요약해 주는 것이 좋다(capsule summarize).

셋째, 정상화하기(normalization)다. 환자의 증상이 환자의 생각보다는 흔한 것이라는 점을 설명해 주면 환자의 긴장감이 상당부분 해소될 수 있으며 이는 증상을 표면화하고 문제-중심치료(problem-oriented therapy)의 근간이 되는 문제화를 가능하게 해 준다.

1. 환자의 긴장감을 줄이고 라포를 쌓기

치료의 시작은 자기소개로 한다. 자기소개의 시작은 꼭 정해진 규칙을 따를 필요는 없으며 상황에 맞게 활동적이고 유연하게 진행한다. 보통 환자들은 긴장 상태이므로 치료자가 먼저 소개를 하는 것이 좋다. 특히 치료자의 소개는 이후 환자가 스스로를 소개하는 모델이 될 수 있다. 따라서 간략하게 이름과 직책 등만을 소개하는 것보다는 취미나 관심사 등을 약간 노출하여 인간적인 측면을 보여 주고 치료 시작에 대한 개인적인 기대감 등을 표현하는 것도 좋다. 환자들은 프로그램의 진행과 결과에 대한 불안감이 있기 때문에 치료자가 안정적이고 자신감 있는 모습일 때 신뢰감이 싹튼다.

안녕하세요. 저는 여러분과 앞으로 약 세 달 동안 인지치료 프로그램을 진행하게 될 ○○○라고 합니다. 저는 새로운 것에 대한 호기심이 많아 도전하는 것을 좋아하는 편인데요, 정신과 의사로서도 어떤 질환을 예방하는 데 도전하는 것이 의미가 있는 것 같아 이 일을 하게 되었습니다(또는 "저는 성격이 신중하다는 말을 듣는 편인데요, 어떤 병을 치료하는 데 있어서도 잘 신중하게 생각해서 예방할 수 있다면 멋질 것 같아서 이 일을 하게 되었습니다." 등 각자 상황에 맞는 자기소개를 한다.). 새로운 분들을 만나기 전날에는 기대 반 걱정 반으로 잠을 약간 설치기도 하는데요, 오늘 여러분 눈빛을 보니까 저보다 더 호기심 어린 눈빛이더라구요. 여러분의 적극적인 마음을 보여 주는 것 같아 저도 우리가 함께할 시간들이 더욱 기대됩니다. ○○씨는 어떠신가요? ○○씨의 소개랑 느낌도 듣고 싶은데요?

소개를 듣는 과정에서는 다음과 같은 목표들을 염두에 두고 반응한다.

첫째, 환자와 치료자 간에 어떤 것이든 공통분모를 찾아본다. 공유할 수 있는 경험이 있다면 라포 형성에 도움이 된다. 이는 환자와 치료자 간의 연령층이나 생활 방식이 다르기에 쉽지 않으나 염두하고 시도해 볼 만한 가치가 있다. 그러나 공통분모가 쉽게 보이지 않을 때는 이를 찾기 위해 많은 시간을 허비할 필요는 없으며, 특히 환자의 관심사에 대해 관심이 있는 척하거나 잘 알고 있는 척하는 함정에 빠져서는 안 된다. 환자는 이를 쉽게 눈치챌 수 있다.

둘째, 이해할 수 있는 일상용어를 쓰고 은어는 피하도록 한다. 또한 불필요한 전문용어는 피하는 것이 좋다.

셋째, 치료자 본인의 관점보다는 일반적인 세계관에 맞게 이야기하도록 한다.

넷째, 정보는 차차 쌓아 갈 것이므로 환자가 어려워하면 그들의 속도대로 진행하게 둔다.

2. 환자가 스스로의 문제를 이야기할 수 있도록 하기

자기소개를 통해 긴장을 풀고 라포 형성을 하는 것은 이 시간을 위한 전초전이라고 할 수 있다. 환자는 그들이 겪는 첫 정신병적 증상에 대해 매우 불안해하며 '통제력을 잃는 것' '미쳐 가는 것'에 대한 두려움을 가지고 있다. 이에 대한 접근은 다음 3단계로 풀어 간다.

1단계 환자가 인지치료에 참여하게 된 계기, 이유, 기대 등을 듣는다.

○○씨는 어떤 계기로 우리 프로그램에 참여하게 되었나요?
○○씨는 어떤 것이 걱정되어 우리 프로그램에 오게 되었나요?
○○씨는 이 프로그램을 마칠 때 어떻게 되었으면 하고 기대하시나요?
○○씨가 말해 주신 문제들 때문에 스스로 가장 걱정되는 것이 있다면 무엇인가요?

2단계 다른 사람들의 예를 들어준다.

환자가 어떻게 문제를 이야기해야 할지 어려워하거나 이야기의 방향을 잘 잡지 못하면 예를 들어 주는 것도 좋다. 이는 환자 자신의 증상이 다른 청년들에게도 나타난다는 것을 보여 주어 방어를 약화하고, 구체적인 모델링을 제시하여 본인이 증상을 다시 한번 검토해 볼 수 있는 기회를 제공하는 것이다.

다른 위기에 처한 청년들은 어떠한 현상을 겪는지 궁금하실 것 같습니다. 한번 살펴볼까요?

"교실에서 사람들이 모여 있으면 나에 대해 쑥덕거리는 것 같아 신경이 쓰여요."

"내가 지나간 다음에 애들이 깔깔거리면 날 비웃는 것 같아요."

"집에 가는 길에 골목에 세워진 차 안에서 카메라 플래시가 터지는 것을 보았는데, 그 이후로 나를 따라다니면서 감시하는 누군가가 있다는 생각이 자꾸 들어요."

"엄마를 해칠 것 같다는 생각이 계속 떠올라요. 물론 저는 그러고 싶은 마음이 전혀 없어요. 그런데 자꾸 머릿속에 그런 생각이 떠오르니까, 그 생각이 현실이 될까 봐 두려워요."

"누가 나를 부르는 것 같아 뒤돌아보면 아무도 없는 일이 요즘 자주 있어요."

자, 다른 분들의 예를 듣고 지금 생각나는 또 다른 문제가 있나요?

이 시점에서는 자유롭게 이야기하는 형식으로 들어본다.

3단계 이후 간단한 '정상화하기(normalization)'를 덧붙여 환자들이 문제에 대해 갖게 되는 불안감과 고통을 경감시켜 준다.

우선 환자가 증상에 대해 가지고 있는 생각, 불안감 등을 먼저 알아본다.

자, 이 현상은 정상일까요? 얼마나 많은 사람들이 이러한 현상을 겪을까요?

먼저 이러한 현상들은 정상적으로 나타날 수 있는 증상입니다.

스트레스를 받을 경우, 예를 들어 며칠 동안 잠을 자지 못하거나, 폐쇄된 공간에 갇히거나, 가까운 누군가가 죽거나, 심리적인 큰 충격을 받고 나면 환청 같은 것이 들리거나 평소와 다른 이상한 생각이 들 수도 있습니다.

또한 이러한 현상은 생각보다 흔한 증상입니다. 적게는 10명 중에 1명, 많게는 4명 중에 1명이 일생에 한 번쯤 스트레스 상황에서 이런 경험을 한다고 합니다.

하지만 정상적이고 생각보다 흔하다고 해서 이러한 현상이 문제가 되지 않는 것은 아닙니다. 중요한 것은 이 현상들이 여러분에게 고통을 주고 일상생활에 지장을 주고 있다는 점입니다. 이 현상들은 저절로 사라질 수도 있지만 안타깝게도 일부에서는 사라지지 않고 진행되는 경우도 있기 때문에 우리는 이 시점에서 보다 적극적인 치료를 통해서 이러한 것을 예방하고 또 최소화하기 위해서 치료를 시작하는 것입니다.

이제 내가 이 프로그램에 오게 된 이유, 내가 가진 문제들을 글로 적어서 정리해 봅시다.

글로 적은 후에는 함께 읽어 보고 느낌을 나누어 볼 것입니다.

인지치료에 참여하게 된 이유

내가 중요하게 생각하는 나의 문제들

3. 인지치료의 원리를 소개하기

우리 프로그램에서는 '인지치료' 라는 방법을 통해 여러분들이 가진 문제들을 풀어 나가려 합니다. 인지행동치료' 라는 말 자체가 조금 생소하지요? 이 방법은 정신과에서 여러 가지 질환들을 치료하는 데 효과를 인정받은 중요하고 좋은 치료 방법입니다. 사람들 대하기가 힘든 대인공포증, 여러 사람 앞에서 발표하기가 힘든 무대공포증, 이유 없이 가슴이 두근두근 터질 것 같은 공황장애, 강박증, 우울증 등 여러 분야에서 각 질환에 맞게 개발된 인지치료가 있습니다. 그리고 이제부터 우리가 할 것은 고위험군의 예방과 치료를 위해 특별히 개발된 'GRAPE 인지치료' 입니다. 이 치료 방법은 '생각' , 즉 상황에 대한 생각이나 나 자신에 대한 생각들을 중요하게 다루며 여러분과 같은 현상을 겪은 사람들에게 효과가 있음이 밝혀진 방법입니다. 인지치료란 어떤 것이며 내가 10회에 걸쳐 해 나갈 것이 어떤 것인지 궁금하실 텐데요. 지금부터 인지치료에 대해서 설명을 하겠습니다.

'스펀지 놀이-네모 게임' 을 통해 인지치료가 무엇인지 살펴봅시다.

'인지치료' 란 [ ] 이다.

(1) 인지치료는 [생각] 이다.

인지치료는 여러분의 '생각' '사고 방식' 을 중요하게 여깁니다.

인지치료에서는 우리 자신의 잘못된 생각이나 신념을 통해 문제가 발생하고 또 지속된다고 생각합니다. 다음의 예를 함께 볼까요?

아마 '물병 이야기' 를 들어보았을 것입니다. 물병에 물이 반 정도 차 있을 때, 어떤 사람은 '반밖에 안 남았어?' 라고 생각하는 반면에 또 다른 사람은 '반이나 남았구나.' 라고 생각한다는 것입니다. 똑같이 물병에 물이 반 차 있지만 그것을 부정적으로 생각하느냐 긍정적으로 생각하느냐에 따라 그 사람의 반응과 기분은 완전히 달라질 수 있습니다.

또 다른 예가 더 있습니다. 어떤 두 남자가 여자에게 데이트 신청을 했다가 "오늘은 안 되겠는데요." 라는 말을 들었습니다.

한 남자는 '내가 매력이 없어서 그런 거야. 나 같은 남자를 어떤 여자가 좋아하겠어.' 라는 생각에 한없이 우울해져서 그만 회사에도 결근을 하고 말았습니다. 하지만 다른 한 남자는 '바쁜 일이 있나 보군. 다음에 한 번 더 연락해 보자.' 라며 대수롭지 않게 생각하고 출근하였습니다.

앞의 두 가지 예에서 알 수 있듯이 중요한 것은 우리에게 '어떤 일이 벌어졌느냐' 보다는 '그것을 어떻게 생각하고 해석하느냐' 가 이후의 기분이나 감정 상태를 결정한다는 것입니다. 하지만 우리는 대개 재수 없는 일이 생겼기 때문에 기분이 나빠지고, 화가 나서 짜증을 부리게 된다고 생각합니다. 하지만 실제로는 내가 재수 없게 '생각' 했기 때문에 그런 경우가 많습니다.

실제 인지치료를 받은 한 친구의 이야기를 봅시다.

17세 여학생인 하나는 인지치료 첫 시간에 와서 속이 울렁거렸습니다. 하나가 울렁거린다고 하자, 치료자는 "물을 한 잔 가져다 줄게요." 라고 말하고 밖으로 나갔습니다. 하나는 그 순간 '저 분이 다른 사람들을 데리고 와서 나를 강제로 입원시키는 것은 아닐까?' 생각했습니다. 그러자 하나는 불안해져서 치료실 밖으로 뛰쳐나가고 싶었습니다. 그 순간 치료자가 물컵을 들고 들어왔습니다. 치료자는 하나의 얼굴 표정이 딱딱하게 굳어 있는 것을 보고 이유를 물었고, 하나는 솔직하게 자신의 생각을 이야기했습니다. 하나는 물컵을 보자 자신의 생각이 바보 같았다는 생각이 들었고, 그 순간에 단순히 치료자가 물을 가지러 갔다고 생각했다면 훨씬 편했을 것이라고 말했습니다.

하나는 치료자와 함께 이 사건을 '생각의 고리' 로 만들었습니다.

〈하나의 '생각의 고리' 예시〉

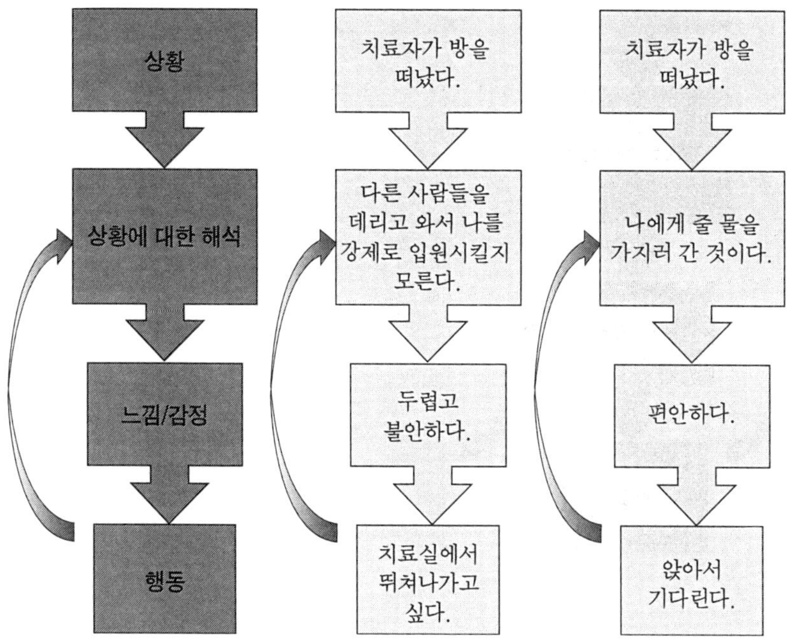

어떠신가요? 여러분의 경험 중에서도 이런 '생각의 고리' 를 만들 만한 상황이 있을까요?

최근 가장 신경 쓰이거나, 고민이 되었거나, 기분이 나빴던 상황을 하나 떠올려 봅시다.

그 상황에서 나는 어떤 생각을 했나요?

그 생각을 하고 나니 어떤 기분이 들었나요?

그래서 나는 어떻게 행동했나요?

자, 나의 '생각의 고리' 를 만들어 봅시다.

나의 생각의 고리

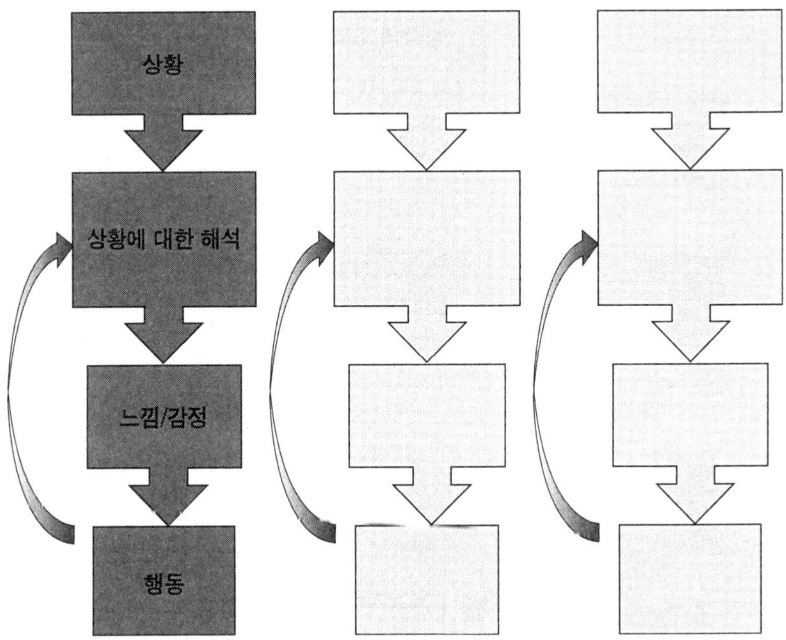

(2) 인지치료는 **문제를 목표로 바꾸는 것** 이다.

인지치료에서는 '문제' 를 중요하게 여깁니다.

지금 나의 '문제가 무엇인가' 를 아는 것은 내가 인지치료에서 '원하는 것' 이 무엇인가를 알게 해 줍니다. 그리고 그 문제를 바꾸는 것이 우리의 '목표' 가 될 것입니다. 문제라는 말에는 '골칫거리' 란 뜻도 있지만 '질문' 이라는 뜻도 있습니다. 문제를 숨겨야 할 것, 골치 아픈 것으로만 여기면 문제는 나를 힘들게 하지만, 이것을 '풀어야 할 것' 으로 여기고 어떻게 이 문제가 생겼는지 궁금하게 여기는 자세를 가지면 문제는 나를 발전시키는 또 하나의 기회가 됩니다. 우리는 문제가 여러분이 가진 힘을 찾는 기회가 되길 바랍니다. 그리고 문제를 찾아낸 후에는 그것을 해결하기 위한 '목표'를 정해야 합니다.

다음은 19세 남학생인 두리가 생각나는 대로 자신의 문제들을 써 본 것입니다.

"내 인생은 불행하다."
"동네 사람들이 나에 대해 이야기하는 것을 들었다."
"내 진짜 엄마를 찾고 싶다."
"밖에 나가면 사람들이 나를 보고 수군거리는 것 같아 신경 쓰인다."
"돈을 벌었으면 좋겠다."
"내 여동생이 나를 무시한다."
"나는 이상한 경험들이 다시는 일어나지 않았으면 좋겠다."
"내가 뭐가 잘못된 것인지 알고 싶다."
"기분이 우울하다."
"불안하다."
"여자친구가 있었으면 좋겠다."

정말 다양하지요? 여러분들이 가장 고민하는 문제들은 어떤 것인지 정말 궁금합니다.

우리가 가장 중요시하는 것은 바로 여러분의 '문제'와 '고통'입니다. 우리는 여러분들이 힘들어하는 것들을 최대한 나누고 싶습니다. 그래서 다음 주 두 번째 시간에는 이 문제들에 대해 자세히 들어볼 것입니다. 주어진 한 시간에 자신의 문제들을 충분히 풀어놓아야 더 정확한 목표가 생길 것입니다. 그러기 위해서 오늘 시간이 끝날 때 주어질 첫 숙제는 '나의 마음 속에 쌓인 문제들을 최대한 찾아보기' 가 될 것입니다. 이 부분은 다음 주에 더 자세히 하기로 하고 여기서는 인지치료의 다른 특징들을 더 알아봅시다.

(3) 인지치료는 **집짓기** 이다.

인지치료는 문제를 두서 없이 생각하는 것이 아니라 문제를 '체계화, 조직화' 하는 것입니다. 즉, 내 '문제의 집을 짓는 것' 입니다.

앞서 소개했던 19세 남학생 두리는 치료자와 함께 자신의 문제 목록 중에서 가장 중요한 몇 가지를 골랐습니다. 그리고 다음과 같은 '문제의 집짓기' 를 하였습니다.

〈두리의 '문제의 집짓기' 예시〉

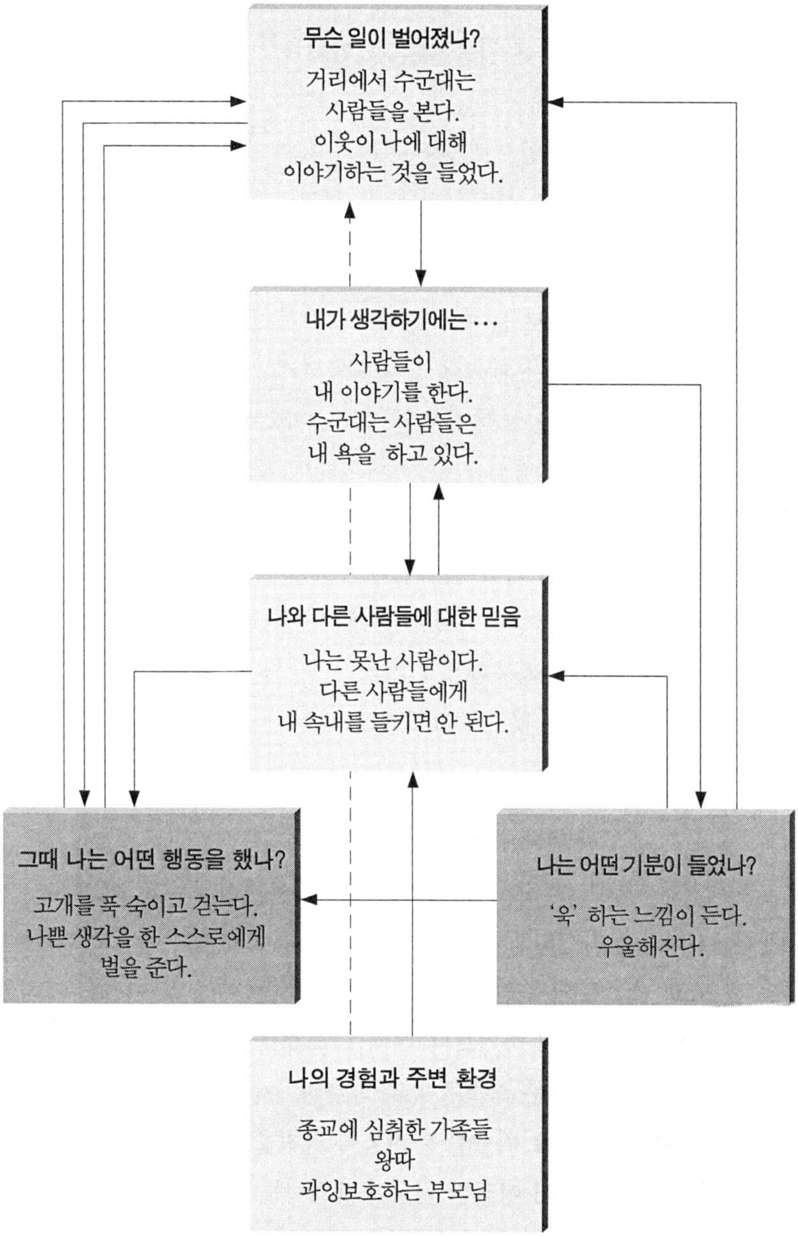

출처: Morrison(2001).

여러분 또한 세 번째, 네 번째 시간에는 이 '문제의 집짓기' 를 할 것입니다.
제대로 집을 짓는 것이 인지치료에서 중요한 성공의 열쇠입니다.
여러분과 제가 함께 좋은 집을 지을 수 있기를 기대합니다.

자, 그럼 다음 네모 게임으로 넘어가 볼까요?

(4) 인지치료는 [짜임새] 이다.

인지치료는 체계적으로 문제를 살펴보고 목표를 세워서 참가자와 치료자가 함께 그 목표를 얻기 위해서 노력하는 과정입니다. 그런데 의욕만 앞서서 두서 없이 문제들을 살피다 보면, 여러 마리 토끼를 잡으려다가 한 마리도 못 잡듯이, 노력의 결실을 못 보는 경우가 생깁니다. 정해진 시간 동안 최대한 결실을 얻으려면 토끼 잡는 순서, 즉 '짜임새' 가 필요합니다. 그래서 우리는 매주 필요한 목표로 구성된 짜임새가 잘 갖추어진 프로그램을 진행할 것입니다. 프로그램을 진행하다 보면 여러분은 여러 가지 이야기를 하고 싶을 수 있습니다. 자유롭게 이야기하는 것은 중요하지만, 매주 주어진 '짜임새' 를 완수하는 것도 중요합니다.

(5) 인지치료는 [공부] 이다.

인지치료는 '공부' 의 요소가 포함된 심리 교육적인 프로그램입니다. 여러분은 이 시간에 자신의 문제를 이해하고, 스스로 구체화시키고, 다른 설명을 해 보고, 스스로의 두려움을 시험해 보는 것을 배울 것입니다. 이러한 방법을 일방적으로 하게 하기보다 여러분 스스로 이해하고 배울 수 있게 하는 이유는, 결국 여러분 스스로가 또 하나의 '치료자' 가 되게 하기 위함입니다. 그래야만 앞으로 비슷한 어려움이 닥쳤을 때 여러분 스스로가 자신을 위한 치료자가 되어 이러한 현상이 재발하는 것을 줄일 수 있을 것입니다. 이를 위해 각 회기는 '위기' 를 극복할 수 있는 여러 가지 방법들을 배우는 잘 짜여진 수업처럼 구성될 것입니다. 그리고 그 수업이 끝날 때 즈음 여러분은 이 방법들을 자유자재로 쓸 수 있는 치료자가 될 것입니다. 어렵지는 않습니다. 궁금한 것은 꼭 확인해 보고 적극적인 마음으로 임한다면 충분히 가능합니다.

(6) 인지치료는 **단기치료** 이다.

이 프로그램은 매주 1회씩 약 3개월에 걸쳐 할 수 있는 단기치료 프로그램입니다.

단, 프로그램이 끝난 후에 혼자 연습해 나가는 것을 돕거나 남아 있는 위기 상황을 다루기 위해서 몇 번의 추가 회기를 가지는 경우도 있습니다.

(7) 인지치료는 **소크라테스** 이다.

"아이를 사랑한다면 고기를 잡아 주지 말고 고기 잡는 법을 가르쳐 주라."는 말이 있습니다. 인지치료 동안 치료자는 여러분이 문제의 답을 스스로 찾아낼 수 있게 도울 것입니다. 또한 우리 그룹 내의 다른 사람과 문제를 함께 이야기하다 보면 더 쉽게 답이 보이기도 합니다. 치료자는 여러분이 답을 찾는 것을 돕기 위해 '소크라테스 대화법' 을 종종 사용할 것입니다.

소크라테스 대화법은 다음의 4단계로 이루어집니다.

1단계) 어떤 것이 문제인지 묻고
2단계) 그 문제를 자세히 듣고 다양한 방식으로 되묻고
3단계) 문제에 대한 새로운 시각을 찾고
4단계) 그 새로운 시각에 비추어 원래의 문제가 어떠한지 살펴봅니다.

앞서 나왔던 하나 학생이 치료자와 나눈 '소크라테스 대화' 를 살짝 들어

볼까요?

1단계 어떤 것이 문제인지 묻기

하　나: 이번 주에 새로운 사람들을 만날 생각을 하니 걱정이 돼요.
치료자: 어떤 걱정이 되나요?
하　나: 사람들이 날 어떻게 생각할까 하는 거요.
치료자: 어떻게 생각할 것 같은데요?
하　나: 사람들이 날 지겨운 사람이라 생각하고 나랑 얘기하고 싶어하지 않을 것 같아요. 저는 사교적인 편이 아니거든요. 전 조용한 편이에요. 조용한 게 죄는 아닌데……. 그렇죠?

2단계 문제를 듣고 되묻기

치료자: 음……. 그런데 들어보니까 하나 씨는 조용한 게 죄라고 생각한 것 같기도 하네요. 아닌가요?
하　나: 사실 그런 것 같아요. 죄는 아니지만, 활달한 친구들은 그렇게 생각할지 몰라요.만약 누가 조용하다면 그 사람은 지겨운 사람 아니겠어요?
치료자: 내가 지겨운 사람이라고 생각하는 건 다른 사람의 의견을 듣고 그런 건가요, 스스로 나 자신이 지겨운 건가요?
하　나: 그런 식으로 생각해 본 적은 없는데, 아마 남들이 날 지겹다고 하면 저도 그렇게 생각하게 될 것 같아요.

3단계 문제에 대한 새로운 시각을 찾기

치료자: 그럼, 하나 씨가 남의 의견과 같지 않다고 하고, 그 문제를 좀 더 잘 생각해 보면 실제로 어떤 것 같아요?

하 나: 음……. 전 조용한 편이고… 뭐 그게 모든 사람의 입맛에 맞지는 않을 거예요. 하지만 저는 제가 지겹다고 생각한 적은 없어요. 전 관심분야도 꽤 많고 그래서 독서도 많이 하거든요. 저는 나름대로 즐겁게 사는 편인 것 같아요.

치료자: 그렇다면 남의 의견에 따라 스스로를 판단하기보다 내가 자신을 어떻게 여기는가에 따라 결정할 수도 있을 것 같은데요?

4단계 새로운 시각에 비추어 원래의 문제가 어떠한지 살펴보기

하 나: 맞아요.

치료자: 자, 하나 씨가 '남들이 나를 지겹다고 생각한다면 나도 그렇게 생각하게 될 것 같다.' 라고 처음에 그랬는데요, 지금은 어떤 것 같아요?

하 나: 그 생각이 꼭 맞는 건 아닌 것 같아요. 내가 나 자신이 어떤 사람인지 결정해야죠.

치료자: 와, 멋진 말인데요. 지금 이 마음을 어떻게 지속시킬 수 있을까요?

하 나: 메모지에 써서 책상에 붙여 놓고 매일 볼래요.
"누군가는 나를 지겹다고 생각할 수도 있겠지만 나는 즐겁게 사는 사람이야!" 라고요.

(8) 인지치료는 **숙제** 이다.

각 회기 끝에 주어지는 '숙제' 는 인지치료에서 매우 중요합니다.

우리는 일주일에 한 번, 한 시간 정도만 만납니다. 하지만 문제는 늘 일어나는 것입니다. 치료 시간 동안 우리는 여러분의 문제를 일으키고 지속되게 하는 원인들에 집중할 것입니다. 그래서 이러한 문제들을 헤쳐 나갈 수 있는 새로운 방법을 찾아볼 것입니다. 중요한 점은, 이 방법이 치료 시간 내에서만 소용 있어서는 안 되고 치료 시간 바깥, 즉 여러분의 일상생활에서 소용이 있고 도움이 되어야 한다는 것입니다. 치료 시간에 생각해 낸 방법이 막상 일상생활에서 도움이 되지 않는다면 다른 방법을 찾아야 할 것입니다. 바로 이 부분을 확인하기 위해 숙제가 있습니다. 즉, 우리가 치료 시간에 생각한 것들이 다른 상황들에서는 어떠한지 여러분이 숙제를 통해 확인해 보는 것입니다. 어떻습니까? 여러분 생각에도 숙제를 우리 치료 프로그램에 포함시키는 것이 도움이 될 것 같은가요?

숙제 중에 또 하나의 중요한 부분은, 우리가 치료 시간에 쓴 내용을 다시 한 번 꼭 읽어 보는 것입니다. 이번 치료 시간은 다음 치료 시간의 바탕이 되고 계단 올라가듯이 차곡차곡 쌓이는 것이기 때문에 다시 한 번 읽어 보는 것이 중요합니다.

(9) 인지치료는 **공동작업** 이다.

인지치료는 치료자가 일방적으로 하는 것이 아닙니다. 인지치료의 치료자와 참가자는 문제의 산을 함께 넘는 '동지의식' 을 가져야 합니다. 자신의 '생각' 을 바꾸고 '목표를 얻는 것' 에는 참가자의 적극적인 자세가 중요합니다. 스스로 나를 치료한다는 생각을 가져 보십시오. 치료자는 그 과정이 좀 더 수월하고 효과적일 수 있도록 도울 것입니다.

자, 이제 네모 게임을 다시 한 번 해 볼까요?

'인지치료' 란 [   ] 이다.

자, 지금 빈칸을 한번 생각나는 대로 채워 봅시다.

치료자는 복습을 위해 참가자로 하여금 생각나는 대로 떠올려 보게 한다. 함께 보충하고 도와 가며 이번 시간을 다시 한 번 정리하고 인지치료의 중요 원리를 되짚어 준다.

4. 치료 구조 확립하기

우리 프로그램은 다음과 같은 순서로 진행됩니다.

1회기: 위기를 기회로 바꾸는 시작 – 인지치료와의 만남(Engagement)
2회기: 문제 목록 정하기 & 문제를 목표로 만들기(Assessment)
3회기: 문제의 집짓기 – 문제를 조직적으로 설계하기(Formulation)
4회기: 한 가지 경험, 만 가지 생각 – 달리 설명하기(Alternative explanations)
5회기: 안전 행동 – 정말 안전할까(Safety behavior)
6회기: 생각에 대한 생각 – 초인지(Metacognitive belief)
7회기: 나의 핵심 신념 – 생각의 뿌리 찾기(Core beliefs)
8회기: 자신감 회복 – 나의 멋진 모습 찾기(Self-esteem restoration)
9회기: 사회적 고립 – 나의 지원군 찾기(Social isolation)
10회기: 새로운 시작 – 프로그램을 정리하며

5. 프로그램에 참여하기

자, 오늘 이야기를 듣고 내 자신이 이 프로그램에 맞는지 생각해 봅시다. 다음 각 항목이 맞다고 생각되면 옆의 동그라미 속에 '네!' 라고 써 주세요.

(1) 자신의 문제를 생각해 보았을 때 스스로 이 프로그램이 필요하다고 생각합니까? ○

(2) 내가 지금 문제를 극복해야 할 확실한 이유가 있습니까? ○

지금 구체적으로 적어 봅시다.

내가 문제를 극복해야 하는 이유

(3) 이 프로그램에 시간과 노력을 들일 마음이 생깁니까?

이 프로그램에 참여하기 위해 여러분은 앞으로 세 달간 시간과 노력을 들여야 합니다. 지금의 증상과 문제들이 얼마나 좋아지는가는 증상이 얼마나 심한가, 얼마나 오래 되었나, 혹은 내 성격이 어떤가 등이 아닌 '나 자신의 의지'에 달려 있습니다. 우리 프로그램에 얼마나 집중하느냐, 또 과제를 얼마나 성실하게 해 오느냐에 따라 치료의 성공 여부가 결정되는 것입니다.

지금 나의 의지를 '의지에 자'에 표시해 봅시다.

〈의지의 자〉

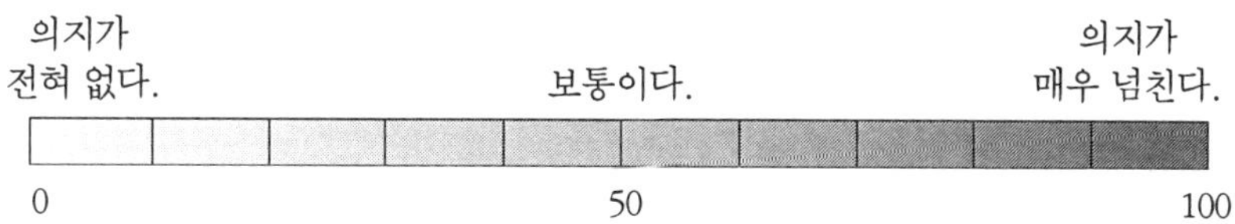

(4) 집단치료에서 필요한 규칙을 잘 지킬 수 있습니까?

본 프로그램은 집단 구성원이 함께 하는 것이기에 다음과 같은 몇 가지 규칙이 있습니다.

첫째, 집단에 속한 사람이 프로그램 중에 말한 개인적인 이야기를 집단 외에서는 절대 하지 말아야 합니다. 그래야만 상대방뿐 아니라 나 자신도 신뢰감을 가지고 이 프로그램에 참여할 수 있을 것입니다.

둘째, 시간을 꼭 지켜야 합니다. 여러 사람이 참여하는 프로그램에서 한 사람이 시간을 어기게 되면 나머지 사람에게 피해를 주게 됩니다.

스스로 이 프로그램에 참가할 준비가 되어 있는지 검토해 보십시오. 만일 궁금한 점이 있거나 결정에 어려운 점이 있으면 지금 치료자와 의논해 주십시오. 위의 네 가지 질문에 모두 "네"라고 답할 수 있습니까? 그렇다면 여러분은 우리 프로그램의 주인공입니다.

숙제

첫 시간을 마치며 주어지는 첫 번째 숙제는 앞서 말씀드린 대로 '나의 마음속에 쌓인 문제들을 최대한 찾아보기' 입니다.

이 숙제를 가지고 다음 주 두 번째 시간에는 '나만의 문제 목록'을 만들고, 그 문제를 'SMART' 라는, 말 그대로 똑소리 나는 방법을 이용하여 우리의 목표로 만들어 볼 것입니다. 이 숙제를 잘 해올수록 다음 시간이 더 알차지겠지요?

다음의 예를 보고 여러 방향의 문제들을 생각해 봅시다. 여러 가지를 찾아낼수록 마음속에 실타래처럼 엉켜 있는 문제들을 풀어낼 수 있는 방법도 많아질 것입니다.

〈방향의 예들〉

- 나의 감정: "요즘 왠지 울적하다." "집에 있으면 괜히 예민해진다."
- 신체 상태: "잠들기가 힘들다." "어딘가가 계속 아프다."
- 대인 관계: "동생이 나를 함부로 대한다." "친구들이 나를 비웃는 것 같다. 뒷얘기를 하는 것 같다."
- 전에 없던 이상한 경험들: "아무도 없는데 뭐라고 하는 소리가 들린다."
- 남들과 나눌 수 없던 걱정들: "혹시 내가 미쳐 가는 것은 아닐까."
- 중요한 희망사항이나 불만: "직업을 가지고 싶다." "돈 좀 많았으면." "성적이 올랐으면 좋겠다." "연애하고 싶다."

내 마음속에 얽혀 있는 문제들을 찾아보기

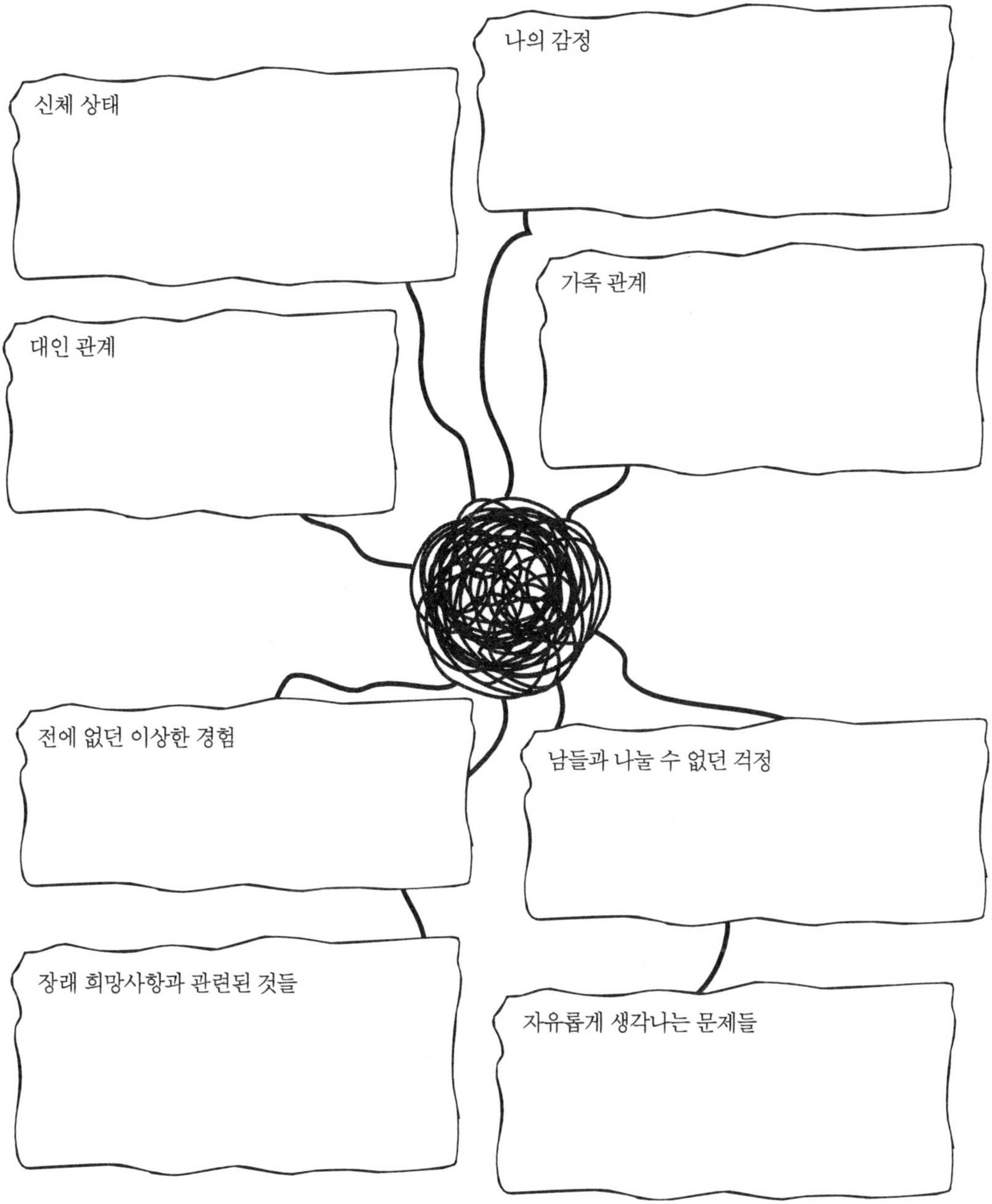

2 회기

문제 목록 정하기 & 문제를 목표로 만들기

1. 지난 시간에 대한 요약
2. 숙제 검토
3. 문제 목록을 바탕으로 중요한 문제 정하기 및 문제 분류해 보기
4. SMART 원칙에 따른 목표 정하기

1. 지난 시간에 대한 요약

지난 시간에 대한 환자의 기억을 상기시키는 것으로 시작한다.

○○씨를 처음 만난 지 벌써 일주일이 지났네요. 지난 시간에 함께 어떤 것들에 대해 생각해 봤는지 기억나는 내용이 있나요?

환자의 말을 경청하고 기억하는 부분에 대해 강한 격려를 보여 준다.

네, 맞아요. ○○씨가 아주 정확하게 기억하고 있네요.
네, 그런 내용도 있었죠. ○○씨가 정리해 주니 머릿속에 더 잘 들어오네요.

인지치료의 원리 및 개념을 정리해 준다.

지난 시간은 서로에 대한 소개 및 인지치료의 원리에 대해 알아보는 시간이었습니다. 더불어 치료를 시작하면서 우리가 지켜야 할 약속들에 대해서도 이야기했습니다. 인지치료의 원리 중에서도 핵심은 '어떤 일이 벌어졌느냐' 보다 '그것을 어떻게 생각하고 상황을 해석하느냐' 가 이후의 기분이나 감정 상태를 결정한다는 것입니다. 그렇게 우리의 생각을 바꿔 나가는 방법을 배우는 과정에서 치료자와 같이 협동해야 하는 것도 중요한 원칙 중의 하나이고, 우리가 찾아낸 방법들이 도움이 되는지 확인하기 위해서는 '숙제' 가 도움이 된다는 내용도 있었습니다. 앞으로의 모든 치료는 지난 시간에 배웠던 인지치료의 원리를 바탕으로 진행될 것입니다. 치료 중간중간에 지난 시간의 '네모 게임' 을 기억해 보면 우리의 생각을 바꿔 나가는 데 많은 도움이 될 것 같습니다. 좀 정리가 되셨나요?

라포를 이어 가는 개념의 멘트를 추가하여 마무리한다.

제가 느낀 지난 시간의 또 하나의 중요한 의미는 ○○씨가 어떤 사람이고, 무슨 생각을 하고, 어떻게 지내는지 제가 알기 시작했다는 것입니다.

2. 숙제 검토

환자는 1주일에 단 1시간만 치료에 참여한다. 따라서 이를 제외한 나머지 시간에도 치료의 연속성을 유지하기 위해서는 숙제의 중요성을 강조해야 한다. 숙제는 일상생활에서 치료 시간에 배운 인지치료 기술을 연습할 수 있는 기회를 제공해 준다. 회기 내에서 아무리 병식과 변화가 생기더라도 회기 밖에서 인지 변화 및 행동 변화가 동반되지 않는다면 문제는 절대 해결될 수 없다. 따라서 첫 번째 과제를 점검하는 시간에는 이와 같은 과제의 필요성 및 치료 구조를 확인시켜 주어 과제에 대한 의의를 부여하며, 다음 회기에도 과제가 원활히 이루어지게 하고, 환자 스스로의 치료 동기 수준을 확인하고 이를 증진시키도록 해 주어야 한다.

지난 시간의 과제가 무엇이었죠?
'나의 마음속에 쌓인 문제들을 최대한 찾아보기' 였는데요. 한마디로 '내가 지금 겪고 있는 문제들' 을 다양한 측면에서 생각해 보는 것이었습니다. 한번 살펴볼까요?

만약 환자가 숙제를 해 오지 않은 경우에는 다음과 같이 접근한다. 일단 첫 숙제이므로 아직 치료 구조에 대한 이해가 부족해서 해 오지 않았을 가능성이 있다. 따라서 검사 시간에 철저히 숙제에 대한 의의 및 동기를 부여해야 다음 회기에도 숙제가 원활히 이루어질 수 있을 것이다. 하지만 환자가 숙제를 해 오지 않은 말 못한 이유가 있을 가능성도 있으며, 이것이 환자를 이해하고, 환자가 이전에 호소하지 못한 어려움에 대해 알아볼 수 있는 새로운 기회가 될 수도 있다. 따라서 숙제에 대한 책임에 대해서는 강조하되 이와 동시에 지지적인 태도를 견지하면서 환자가 자신의 솔직한 마음을 표현할 수 있도록 해야 한다. 하지만 회기는 숙제를 해 온 사람 위주로 진행되어야 하며, 숙제를 해 오지 않은 사람은 시간을 주고 생각할 기회를 주거나, 회기가 끝난 후에 따로 진행하는 것이 좋다.

치료를 받는 시간은 일주일에 한 시간뿐이지만, 지난 시간에도 말씀 드린 것처럼 우리의 문제는 치료 시간 이외에도 계속되고 있습니다. 따라서 일상생활에서 우리가 배운 것들을 확인하려면 숙제로 확인하는 것이 꼭 필요합니다. 또 중요한 것은 우리가 배운 방법이 치료 시간 내에서만 소용 있어서는 안 되고 치료 시간 외, 즉 여러분의 일상생활에서 소용이 있고 도움이 되어야 한다는 것입니다. 치료 시간에 생각해 낸 방법이 막상 일상생활에서 아무런 도움이 되지 않는다면 우리는 다른 방법을 찾아야 할 것입니다. 바로 이 부분을 확인하기 위해 숙제가 있습니다.

• 숙제를 단순히 잊은 경우

○○씨가 숙제를 해 오지 않으셨네요. 깜빡 잊고 하지 못했나요?

단순히 숙제를 잊은 경우라도 그냥 넘어가지 않고 다음 시간을 위해 해결책을 제시해 주어야 한다.

예 핸드폰 옆에 숙제 노트를 둔다.
미리 완성된 숙제의 예문을 나누어 주고 읽게 한다.

• **숙제의 내용을 이해하지 못한 경우**

환자가 숙제의 내용을 이해하지 못했을 가능성도 있다. 치료자는 환자의 지적 수준이 어느 정도인지를 항상 염두에 두어야 하며 숙제를 제시하고 확인할 때도 환자의 지적 수준에 대한 고려가 필수적이다.

짧은 시간에 설명을 들어서 한 번에 이해하기 힘든 경우가 많습니다. 일단 다른 분들의 숙제를 먼저 들어 보고, 잘 생각해 두셨다가 다른 분들의 이야기를 듣고 잠시 후에 다시 한 번 이야기해 보겠습니다.

• **비협조(non-concordance)에 의한 경우**

숙제에 대한 비협조는 곧 치료에 대한 비협조로 이어질 수 있다.

대부분의 치료 초기의 환자들은 치료자가 없는 일상생활에서 치료가 이루어진다는 것, 자기 자신이 치료에 의욕적으로 참여해야 한다는 필요성을 크게 느끼지 못해 숙제에 대해 간과하는 경우가 많다. 따라서 이러한 환자들에게는 치료에 대한 동기 수준을 확인시키고, 위에 언급된 바와 같이 숙제의 필요성에 대해 확실히 설명해 주는 것이 필요하다.

숙제를 해 오지 않은 특별한 이유가 있으신가요? 숙제라는 것이 별것 아니라도 참 부담이 되지요? ○○씨가 숙제를 해 오지 않았다면 그 이유를 확인하는 것이 ○○씨가 어떤 점을 어려워하는지 파악하는 데 큰 도움이 될 것 같은데요.

만약 할 필요가 없다고 느껴서 해 오지 않았다면, 이 프로그램에 대한 나의 의지가 어느 정도일까 한번 생각해 보는 것이 좋을 것 같습니다. 지난번에 그려 본 '의지의 자' 를 한번 그려 보고 지난 주와 비교해 봅시다.

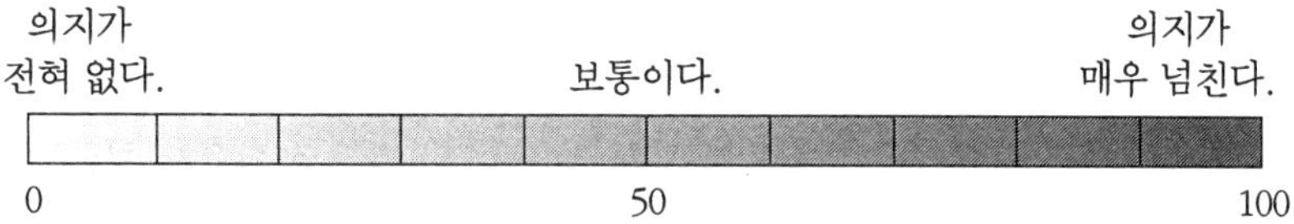

그 외에도 숙제를 해 오지 않는 흔한 이유로는 완벽주의(perfectionism) 성향, 실패에 대한 두려움 등이 있다. 이러한 환자들에게 실패의 경험은 과정 중에 흔히 있을 수 있는 것임을 알려 주고, 치료 자체에 대한 불안 수준을 낮춰 줄 필요가 있다.

이 외에도 환자가 다른 이유를 제시한다면 그 이유에 대해서 충분히 이야기되었다고 판단될 때까지 알아보는 것이 향후 치료적 관계 및 인지치료 진행에 도움이 될 것이다.

3. 문제 목록을 바탕으로 중요한 문제 정하기 및 문제 분류해 보기

환자들은 문제, 특히 정신병적 증상과 관련된 부분에 대해서는 방어적이 되기 쉽기 때문에 적절한 치료관계를 형성하고 이 문제를 찾아내야 하는 이유를 상기시키면서 격려를 해야 한다. 일단, 환자의 문제를 열린 형식으로 다양하게 들어주고 각각의 문제에 주의를 기울이는 태도를 취해야 한다. 우리와 함께하는 위기에 처한 청년들은 자신의 어려움을 치료하는 데 관심이 많으며 어떤 방식으로든 기본적으로 우리에게 도움을 청하고 있다. 따라서 이러한 문제 중심의 접근(problem oriented approach)은 개입 과정을 용이하게 하며 초기에 신뢰할 수 있는 치료적 관계를 형성하는 데에도 핵심적인 역할을 한다.

1) 문제 목록의 중요성

대부분의 환자들은 하나 이상의 문제를 호소한다. 따라서 환자가 치료자와 함께 치료 안에서 고쳐 나가고 해결하고 싶어 하는 문제를 나열해 보는 것은 '협동'의 의미를 강조할 뿐 아니라 치료가 임상적으로 의미 없는 쪽으로 흘러가지 않도록 돕는다. 이렇게 만들어진 문제 목록은 후에 목표를 세우고 치료 계획을 설정하는 데 바탕이 된다는 것을 환자에게 주지시킨다.

다음은 지난 시간에 우리가 말했던 문제 목록들입니다.

"현재 사는 환경이 불행하다."
"집 밖으로 나가면 불안하다."
"내 진짜 엄마를 찾고 싶다."
"밖에 나가면 사람들이 비웃는 것 같아 신경 쓰인다."
"직업을 얻어야 된다."
"돈이 더 필요하다."
"내 여동생이 나를 무시한다."
"이런 일이 다시는 내게 일어나지 않았으면 좋겠다."
"나의 무엇이 잘못된 것인지 알고 싶다."
"우울하다."
"불안하다."
"여자친구가 있었으면 좋겠다."

여러분의 문제 목록과 비슷한 점이 있나요? 지난 주의 숙제로 '내 마음속에 얽혀 있는 문제들을 찾아보기-나만의 문제 목록'을 만들어 보았습니다. 내 마음속에 실타래처럼 얽혀 있는 문제들을 하나하나 찾아내서 정리하고 나니, 벌써 마음 한편이 한결 편해지는 느낌이 들지 않으셨나요? 또 지난 시간에 말씀드린 것처럼 문제를 알아내고 해결하는 인지치료는 나 혼자 머릿속으로 하는 것이 아니라 선생님과 함께 동지의식을 가지고 '협동' 해서 해 나가는 것이기 때문에 문제들을 '목록' 화하여 함께 이야기 나누는 것이 중요합니다. 이제부터는 '나의 문제 목록' 을 살펴보고 중요한 순서로 등수를 매겨보기도 하며 각 문제들이 어떻게 연관되어 있는지 살펴보겠습니다.

2) 문제 목록 살펴보기

일단 환자가 적어온 문제 목록을 같이 살펴본다. 의미 있다고 생각되는 문제들을 치료자의 의도에 맞게 잘 나열해 온 경우에는 곧바로 '중요도 정하기'로 넘어가도록 한다.

3) 문제 분류하기

때에 따라서 지나치게 많은 양의 문제들을 적어오거나 일반적이고 단순한 문제들을 나열해 올 수 있다. 모든 문제 목록이 실제로는 한 문제의 다른 표현일 수 있고, 연관이 없어 보이는 문제들이 사실은 밀접한 관계를 가지고 있는 경우도 있다.

따라서 이러한 환자들의 경우에는 중요도를 정하기 전에 일단 분류해 보도록 이끌어 보는 것이 좋다.

이에 대해 Fennell은 다음과 같이 이야기하였다.

"문제 목록은 한마디로 카오스와 같다. 힘들었던 경험들이 한꺼번에 뭉쳐 있는 것이며, 이것들을 잘 분류해 주는 과정 그 자체만으로 환자에게 희망을 줄 수 있고, 환자로 하여금 자신이 그 문제를 조절할 수 있다는 가능성을 심어 주게 된다."

예 1. 문제를 53개로 다양하게 적어온 환자가 있었는데, 문제들을 잘 살펴보고 나니 '다른 사람들로부터 비난받을까 하는 두려움'에 연결된 다양한 상황에서의 불안으로 파악되었으며, 바탕이 되었던 핵심 신념은 '나는 남들보다 열등하다.'였다는 것을 알 수 있었다.

2. '학교 가기 싫다.' '불안하다.' '머리가 아프다.' 등의 증상이 사실은 '친구들이 내 이야기를 할까 봐 신경이 쓰인다.'는 관계 사고 때문이었다.

여러분 마음속의 문제들을 적어오셨는데요. 자, 지금부터는 여러분이 적어온 문제들을 종류별로 분류해 볼 것입니다. 보기에는 다른 문제지만 알고 보면 같은 곳에서 만들어진 문제일 수도 있구요. 서로서로 영향을 미치는 경우도 있습니다.

앞에 문제 목록을 적은 두리의 경우에는 다음과 같은 여러 문제들이 실은 '사람들이 비웃는 것 같다.'는 느낌과 연결되어 있었습니다.

"현재 사는 환경이 불행하다."
"집 밖으로 나가면 불안하다."
"내 진짜 엄마를 찾고 싶다."
"밖에 나가면 사람들이 비웃는 것 같아 신경 쓰인다."
"직업을 얻어야 된다."
"돈이 더 필요하다."
"내 여동생이 나를 무시한다."
"이런 일이 다시는 내게 일어나지 않았으면 좋겠다."
"나의 무엇이 잘못된 것인지 알고 싶다."
"우울하다."
"불안하다."

"여자친구가 있었으면 좋겠다."

다음의 빈칸에 서로 연관이 있어 보이는 문제들을 정리해서 적어 봅시다.

치료자는 이러한 문제 목록들을 다음 시간 조직화의 근간이 되는 다음과 같은 몇 가지 형태로 분류할 수 있다. 환자가 애매하게 문제를 적어온 경우에는 좀 더 이야기를 들어본 다음 환자만의 특정한 문제로 이끌어 간다.

치료자는 환자들이 호소하는 문제가 다음과 같은 형태로 분류될 수 있다는 점을 명심해서 조직화의 근간을 준비하도록 한다.

- '미쳐 감'을 뜻하는 증상들
- 자신감 결여
- 스스로가 다르다는 인식
- 초인지(생각에 대한 생각)
- 사회 불안
- 충격적인 사건, 적응 실패
- 외로움, 고독
- 신체 상태

4) 문제의 중요도 정하기

먼저 환자가 순서 없이 적은 문제 목록을 치료자와 협력하여 중요도 순으로 나열해 보는 것이 중요하다. 일단 환자의 의견을 존중하여 환자를 가장 힘들게 하고 변화를 얻고 싶은 문제를 선택하게 한다. 하지만 때에 따라서는 가장 해결하기 쉬운 문제를 선택하여 환자로 하여금 치료 안에서의 빠른 성공 경험을 하게 하여 치료 동기 수준을 끌어올리는 방법을 사용할 수도 있다. 이는 각 환자의 상황에 따라 혹은 치료자의 재량하에 정하도록 한다.

여러분이 적어오신 문제 목록을 보니 어떤 점 때문에 힘들어하는지 조금은 이해가 되는데요. 일단 문제들을 중요한 순서대로 순위를 매겨 볼까요? 나를 가장 힘들게 하는 문제 또는 가장 해결하고 싶은 문제가 중요할 수도 있을 것입니다. 아니면 나의 모든 문제를 해결하는 데 가장 기본이 되는 문제를 1순위에 놓을 수도 있을 것 같습니다. 치료자와 함께 이야기하면서 가장 중요하게 생각되는 문제를 다음 빈칸에 순서대로 적어 봅시다.

나의 가장 중요한 문제는?

1위

2위

3위

4위

5위

4. SMART 원칙에 따른 목표 정하기

1) 목표 설정의 중요성

두 번째 시간의 중요한 목표는 '문제에 기초한 목표 정하기'다. 지난 시간에 알아보았던 인지치료의 원리 중 기본이 되는 것이 바로 '문제'와 '목표'를 함께 나누는 일이다.

위의 문제 목록에서 가장 중요하다고 결정된 문제에 대해 치료자와 환자가 같이 목표를 정해 보도록 한다. 치료의 초점을 맞추기 위해서는 한 가지 문제를 선정하는 것이 최선이며, 가능한 한 세 가지 이상으로 늘어나지 않도록 유의한다.

Wells는 이에 대하여 다음과 같이 이야기하였다.

"문제들이 중요도에 따라 나열되고 나면 '목표'로 재구성되어야 한다. 문제 목록이 '무엇이 잘못되었는지'를 제공한다면 목표는 '환자가 이루어지기를 소망하는 것'을 표현한다. 목표는 치료적으로 이용할 수 있는 내용으로 결정되어야 한다."

자, 지난 시간에 함께 인지치료를 시작하기로 약속했었죠. 이 치료의 과정은 내 생각 속으로의 여행에 비유할 수가 있는데요. 길을 떠날 때 정해야 할 가장 중요한 것은 무엇일까요? 먼저 '어디로 갈지'를 정하는 것입니다. 갈 곳이 어디인지, 방향이 어디인지 알지 못하면 한참을 헤매면서 시간을 허비하게 될 것입니다.

인지치료를 본격적으로 시작하기 전에 제일 먼저 해야 할 일 또한 '내 목표가 무엇인지'를 정하는 것입니다. 우리가 생각한 각각의 문제에는 문제를 해결할 수 있는 목표가 필요합니다. 목표는 '내가 원하는 것'입니다.

내가 그것을 원한다는 것은 현재 그것이 없기 때문이지요. 즉, 나의 정확한 목표를 찾기 위해서는 내 마음속에서 원하는 것이 무엇인지, 무엇이 부족한지, 무엇이 문제인지를 잘 들여다볼 수 있어야 합니다. 조금 전에 중요한 문제를 골라 봤는데요. 그 문제에 관한 나의 목표를 세워 봅시다.

나의 목표

2) 목표 설정의 원칙

환자들은 때로는 자기 자신이 조절할 수 없는 목표를 정하거나(엄마, 아빠가 다시 재결합하셨으면 좋겠어요), 현실적으로 불가능한 목표(앞으로 단 한 번의 공황 발작이 없었으면 좋겠다) 또는 비생산적인 목표(다른 사람들에게 상처를 받느니 차라리 아무것도 느끼지 않게 되었으면 좋겠어요)들을 제시하는 경우가 많다. 또는 애매하게 자신의 목표를 표현하거나(나는 내 자신으로부터 덜 분리되었으면 좋겠어요), 일반적인 용어로 표현(행복하고 싶어요)하기 쉽다. 이런 경우에 치료자는 어떤 변화가 일어나야 이 목표가 이루어질 것인지에 대해 질문한다(예: 나는 대인관계에서 주도적이고 싶어요. → 나는 부모님 앞에서 내가 원하는 것이 무엇인지 자신 있게 말할 수 있었으면 좋겠다.). 다음 단계는 목표가 이루어지는 과정에서 평가가 가능해야 한다(예: 부모님 앞에서의 의견 표현에 대해 매일 기록해 본다. 데이트 소개소에 가입한다.).

정리하면 다음과 같다.

- S(specific): 구체적이고 자세하고
- M(measurable): 측정 가능하고
- A(achievable): 할 수 있어야 하고
- R(realistic): 현실적이고
- T(time-limited): 시간 제한이 있다.

이 외에도 목표는 부정적인 언어보다는 긍정적인 언어로 표현되는 것이 좋다. 이렇게 함으로써 환자는 자신의 문제나 어려움에 대해 반복적으로 이야기하기보다는 자기 인생에서 새로운 가능성을 보게 될 것이다.

좋은 예: 나는 사람들 앞에서 발표하는 것에 대한 두려움을 극복하고

싶다.

나쁜 예: 나는 사람들 앞에서 발표하면서 불안해지거나 서투른 모습을 보이고 싶지 않다.

목표는 수정 가능하다. 처음에 세워진 목표는 치료가 진행되면서 바뀔 수 있다. 처음에 세운 목표가 너무 거창하고 이루기 쉽지 않은 것이라면 치료자와 상의하여 목표를 단계화할 수 있고, 반대로 너무 쉽게 목표가 이루어졌다면 그 다음 단계의 보다 야심찬 목표로 차차 수정해 갈 수 있다.

목표를 세우는 방법에는 'SMART' 라는 원칙이 있습니다.

- S(specific): 구체적이고 자세하고
- M(measurable): 측정 가능하고
- A(achievable): 할 수 있어야 하고
- R(realistic): 현실적이고
- T(time-limited): 시간 제한이 있다.

즉, 구체적이고 자세하고(S), 목표가 이루어졌는지 평가할 수 있어야 하고(M), 행동으로 옮겨(A), 현실적으로(R), 가까운 장래에 이룰 수 있는(T) 목표여야 합니다.

- 자기 자신이 조절할 수 없는 목표: 엄마, 아빠가 다시 재결합하셨으면 좋겠어요.
- 현실적으로 불가능한 목표: 앞으로 단 한 번의 공황 발작도 없었으면 좋겠다.
- 비생산적인 목표: 다른 사람들에게 상처를 받느니 차라리 아무것도 느끼지 않게 되었으면 좋겠어요.

- 애매한 목표: 나는 내 자신으로부터 분리되었으면 좋겠어요.
- 너무 일반적인 목표: 행복하고 싶어요.

보다는

- 구체적이고 자세하고
  예 성공하고 싶어요. → 대학에 합격하고 싶어요.
  대인 관계에서 주도적이고 싶어요. → 부모님 앞에서 내 의견을 자신 있게 이야기하고 싶어요.
- '평가' 할 수 있어야 하고
  예 운동을 할래요. → 일주일에 3번 이상 1시간 동안 공원을 달린다.
- '행동'으로 할 수 있고
  예 대인 관계를 넓히고 싶다. → 인터넷 동호회 모임에 가입한다.
- '현실적'이며
  예 사람들 앞에서 발표할 때 전혀 떨리지 않았으면 좋겠어요. → 토론 시간에 3번 이상 발언한다.
- 가까운 장래에 이루어질 수 있다.
  예 살을 뺄래요. → 1년 안에 4kg을 감량하겠어요.
  예 사람들 시선을 편안하게 느끼고 싶다. → 내가 지금 사람들 시선에 예민한 것이 줄어든다면 한 달 후에는 내가 원할 때 밖으로 나가서 쇼핑을 할 수 있게 되었으면 좋겠다. 시간 제한적(한 달 후), 구체적(밖에서 쇼핑), 행동적(나가기), 현실적, 쇼핑을 해 옴으로써 달성했는지 평가가 가능하다.

또 다른 목표의 예를 들면 다음과 같습니다.

- 내가 지금보다 덜 불안하다면 집 밖으로 나가서 적어도 일주일에 3번 동네 가게에서 물건을 살 수 있었으면 좋겠다.
- 한 달에 한 번 이상 친구에게 먼저 만나자고 전화 연락을 한다.

- 검정고시 학원에 등록하여 수업을 빠지지 않고 다니며 9월에는 시험에 응시한다.

앞의 원칙에 따라 세워진 나의 목표를 다음 빈칸에 적어 봅시다.

나의 SMART 목표

날짜:

이름:

오늘 날짜와 함께 목표 달성도를 적어 봅시다. 목표 달성도는 치료가 진행되면서 스스로 체크해 봅니다. "천리길도 한걸음부터"라는 속담이 있지요? 차근차근 노력하면 언젠가 오늘 정한 목표가 모두 이루어지는 날이 올 것이라 확신합니다.

오늘의 목표 달성도

날짜 : 년 월 일

전혀 달성되지 않았다.					보통이다.				목표가 달성되었다.
0					50				100

숙제

다음 시간에는 오늘 정한 문제에 관한 '집짓기'를 할 예정입니다. 문제라는 것은 지금 이 순간 나를 힘들게 하는 것이지만, 그 문제는 실제로 다른 많은 것들에 영향을 받아 왔을 가능성이 매우 큽니다. 따라서 다음 시간에는 그 문제 뒤에 숨겨져 있는 나의 생각, 나의 환경, 나의 감정 및 행동에 대해 자세히 알아볼 것입니다. 이러한 생각, 환경, 감정, 행동들은 '문제의 집짓기'에서는 집을 튼튼하게 지을 '벽돌'과 같은 역할을 합니다.

그래서 오늘 숙제는 '나의 자서전 쓰기'입니다.

사람은 더불어 살아가는 존재이기 때문에 이 문제는 나의 문제이지만 내 주변의 여러 가지 상황들, 내 주변의 사람들과 연관이 있습니다. 또한 인지치료가 여기-지금 일어나는 일에 초점을 맞추고 있지만, 현재의 어려움에는 반드시 과거의 일이 영향을 주게 마련입니다.

일기를 써 본 적 있으시지요? 일기가 그날그날의 기록이라면 자서전은 지나온 날 전체에 대한 기록이라고 할 수 있습니다. 일어났던 모든 일을 다

적기는 어렵지만 여러분이 생각하기에 내 인생에서 중요한 사건이나 사람들에 대한 이야기는 꼭 적어야 합니다. 또는 어린 시절에 관련된 가장 행복했던 기억, 가장 불행했던 기억, 학교 생활과 관련하여 기억나는 일들, 칭찬 받았던 일, 나의 부모님, 형제자매, 현재 나의 주변 환경 및 내 친구들, 선생님에 관한 이야기 등에 대해서 솔직하게 쓰시면 됩니다.

나의 자서전 쓰기

1. 살아오면서 가장 행복했던 일 세 가지

1)

2)

3)

2. 살아오면서 가장 불행했던 일 세 가지

1)

2)

3)

3. 나의 어머니 이야기

1) 나의 어머니의 특징(성격, 외모 등)

2) '어머니' 에 대한 가장 오래된 기억

3) '어머니' 하면 생각나는 단어

4) 그 외 어머니에 대해 쓰고 싶은 이야기

4. 나의 아버지 이야기

1) 나의 아버지의 특징(성격, 외모 등)

2) '아버지' 에 대한 가장 오래된 기억

3) '아버지' 하면 생각나는 단어

4) 그 외 아버지에 대해 쓰고 싶은 이야기

5. 나의 형제 이야기

1) 나의 형제 관계

2) 형제의 특징(성격, 외모 등)

3) '형제' (형, 오빠, 누나, 언니, 동생)에 대한 가장 오래된 기억

4) '형제' (형, 오빠, 누나, 언니, 동생) 하면 생각나는 단어

5) 그 외 형제에 대해 쓰고 싶은 이야기

6. 우리 가족 이야기

1) 우리 가족에게 중요했던 사건

2) 현재 우리 가족의 가장 큰 걱정

7. 우리 동네 이야기

1) 내가 살고 있는 동네의 특징

2) 내가 사는 동네에 대한 불만이 있다면?(현재 사는 곳에 만족한다면 지금까지 살아 본 곳 중 가장 힘들었던 동네의 이야기를 써 보세요.)

8. 학교 생활 이야기

1) 학교 선생님과의 관계

2) 친구들과의 관계

9. 나의 종교는? (　　　　　)교 / 무교

내 종교에 대해 쓰고 싶은 이야기

10. 어른이 되어 가는 '성' 이야기

1) 성교육을 받은 적이 있나요?

2) 이차 성징을 겪으면서 걱정되었던 것 또는 궁금한 것이 있나요?

3) '성' 에 대해 가장 고민되는 부분은 무엇인가요?

---

11. '폭력'의 경험

1) 가족에게 심하게 맞은 적이 있나요?

---

2) 친구들이나 학교 선후배로부터 심각한 폭력행위를 당한 적이 있나요?

---

12. 지금까지 나에게 가장 큰 스트레스가 되었던 상황

---

13. 나의 장래 희망

---

14. 그 외 내 삶에 대해 더 하고 싶은 이야기

첫 번째 시간에 '문제의 집짓기' 예를 살펴보았지요? 다음 시간에는 여러분이 써온 자서전과 오늘 알아본 문제를 중심으로 직접 '문제의 집짓기'를 할 계획입니다. 한 주일 동안 나의 지난날에 대해 잘 생각해 보면서 자서전도 쓰시고, 다음 시간에 있을 '문제의 집짓기'에 대한 계획도 세워 봅시다.

'문제의 집짓기' 의 예

1.

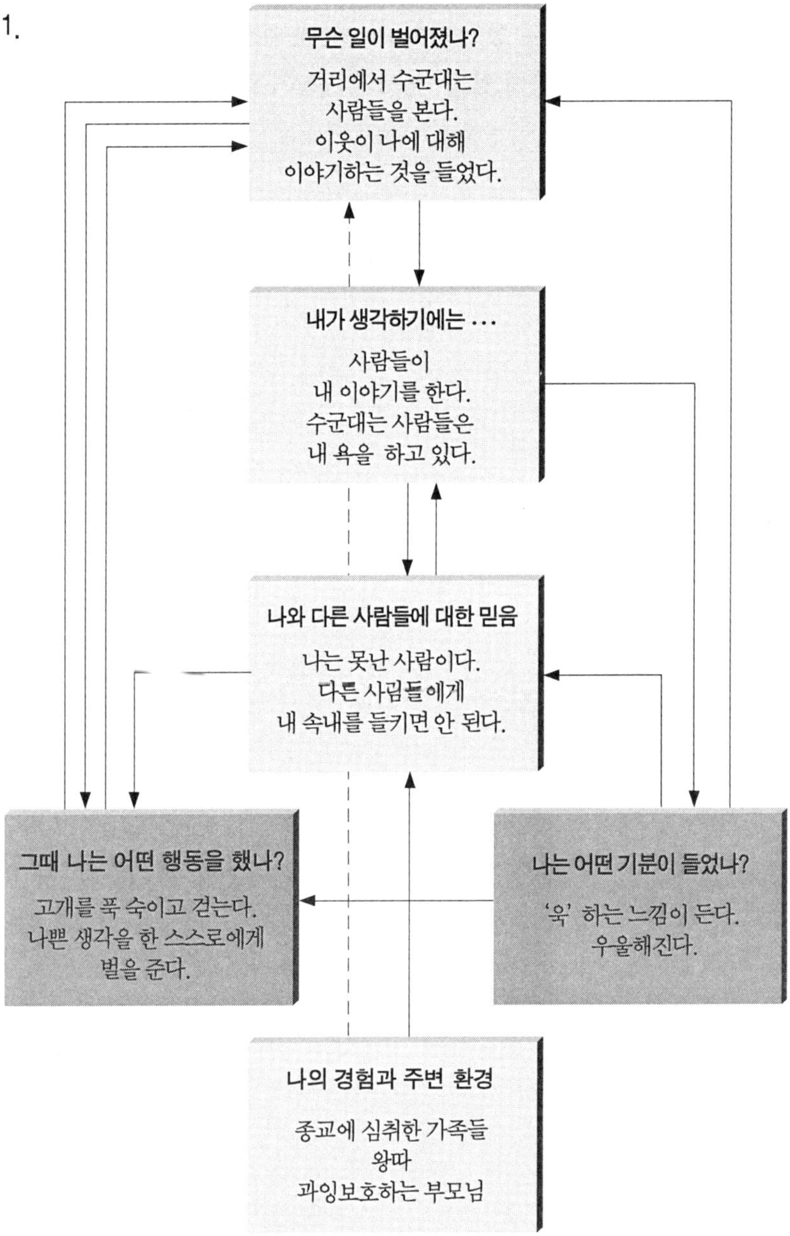
무슨 일이 벌어졌나?
거리에서 수군대는
사람들을 본다.
이웃이 나에 대해
이야기하는 것을 들었다.
내가 생각하기에는 ...
사람들이
내 이야기를 한다.
수군대는 사람들은
내 욕을 하고 있다.
나와 다른 사람들에 대한 믿음
나는 못난 사람이다.
다른 사람들에게
내 속내를 들키면 안 된다.
그때 나는 어떤 행동을 했나?
고개를 푹 숙이고 걷는다.
나쁜 생각을 한 스스로에게
벌을 준다.
나는 어떤 기분이 들었나?
'욱' 하는 느낌이 든다.
우울해진다.
나의 경험과 주변 환경
종교에 심취한 가족들
왕따
과잉보호하는 부모님

2.

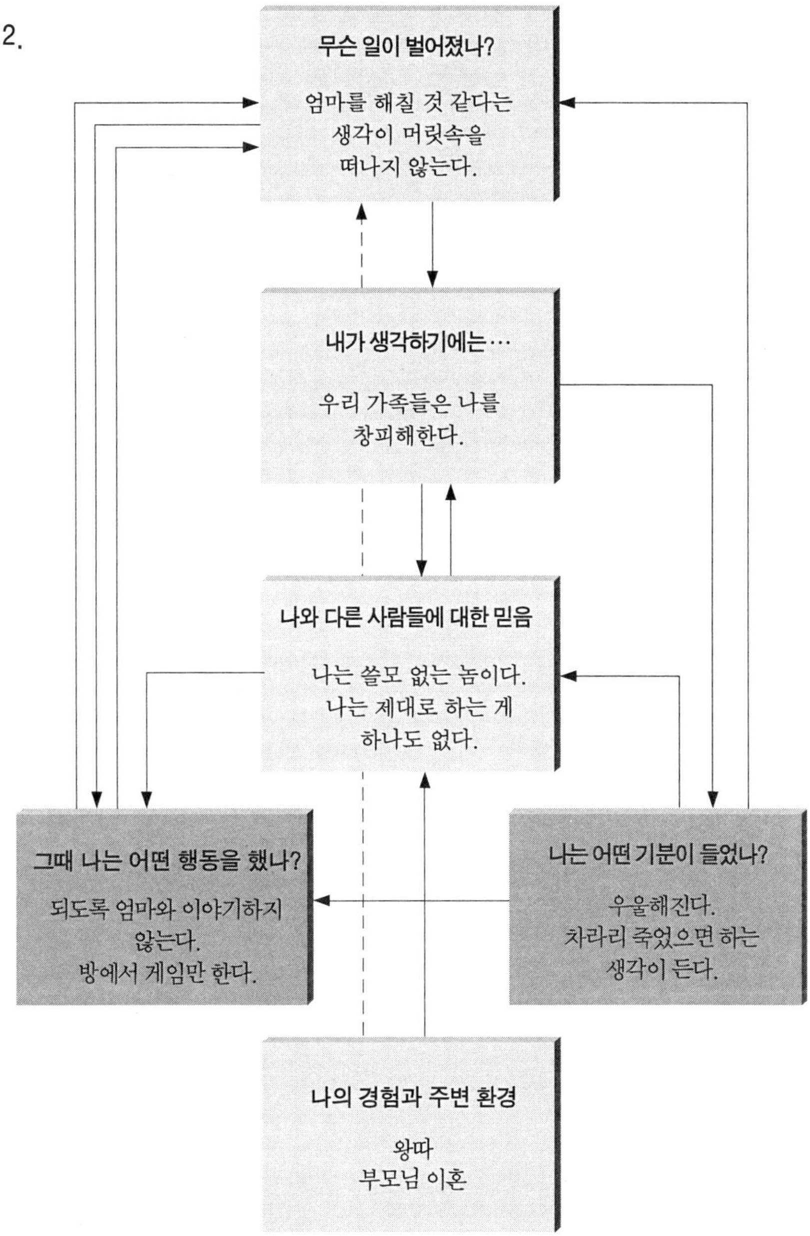
무슨 일이 벌어졌나?
엄마를 해칠 것 같다는 생각이 머릿속을 떠나지 않는다.
내가 생각하기에는…
우리 가족들은 나를 창피해한다.
나와 다른 사람들에 대한 믿음
나는 쓸모 없는 놈이다. 나는 제대로 하는 게 하나도 없다.
그때 나는 어떤 행동을 했나?
되도록 엄마와 이야기하지 않는다. 방에서 게임만 한다.
나는 어떤 기분이 들었나?
우울해진다. 차라리 죽었으면 하는 생각이 든다.
나의 경험과 주변 환경
왕따
부모님 이혼

3 회기

문제의 집짓기 - 문제를 조직적으로 설계하기

1. 지난 시간에 대한 요약
2. 숙제 검토
3. 문제의 조직화 원리 설명
4. 문제의 조직화 - 문제의 집짓기

1. 지난 시간에 대한 요약

지난 시간에는 우리가 힘들어하는 문제가 무엇인지 알아보고, 중요한 순서대로 순위를 정해 보았습니다. 그리고 가장 중요하다고 생각된 문제에 대해서는 'SMART' 원칙에 따라 목표를 정해 보았습니다. 이번 시간에는 지난 시간에 자세하게 알아보았던 나만의 문제, 목표에 대한 정보들을 바탕으로 그 안에 숨겨진 나의 생각, 행동, 감정들에 대해 알아보고, 나만의 문제의 조직화-'문제의 집짓기'의 개념을 익히고 치료자와 함께 이 활동을 해 보겠습니다. 우리의 문제, 그 안에 담긴 나의 생각, 나의 행동, 감정, 나의 주변 환경 모두는 집을 지을 때 재료가 되는 '벽돌'과 같은 역할을 합니다.

2. 숙제 검토

지난 시간의 숙제는 '자서전 쓰기'였습니다.

지나온 날들의 중요하고 기억에 남는 일들을 적어 보면서 정리가 되는 기분이 드셨을 것 같습니다.

물론 너무 힘들고 괴로운 일이라서 다시는 떠올리고 싶지 않은 일도 있을 수 있습니다. 하지만 그런 일일수록 내가 지금 힘들어하는 문제와 연관이 많을 수도 있고, 문제를 해결하는 데 열쇠가 될 수도 있으니, 한번 편안하게 기억해 보는 것도 좋을 것 같습니다. 지금 생각해 보면서 떠오르는 일들이 있으면 함께 이야기해 봅시다.

지난 시간의 과제였던 '자서전 쓰기'에 대한 검토를 한다. 정신적 외상, 신체적 외상에 관련된 사건, 의미 있는 사람의 죽음 등 의미 있는 사건 외에 치료자가 궁금한 내용에 대해서는 자연스럽게 추가적인 질문을 할 수 있다.

3. 문제의 조직화 원리 설명

문제의 조직화(case formulation)는 인지치료에 있어 도로 지도의 역할을 한다. 따라서 평가 중에 알게 된 모든 중요한 정보들은 조직화에 반영되어야 한다. 언뜻 보면 이 모든 정보를 종합하여 하나의 특정한 치료 계획을 정하는 일이 막막해 보일 수 있지만, 치료 초기부터 기본적인 인지 모델에 바탕을 둔 조직화의 개념을 가지는 것은 필수적이다. 물론 치료 초기에 만들어진 조직화는 치료 과정 중 알게 된 중요한 사실에 따라 조금씩 업데이트를 해야 한다.

1) Morrison의 모델

최근에 나오는 정신증의 심리학적 모델들은 정신병의 증후군보다 증상 자체에 초점을 맞추는 경향이 있다. 1990년에 처음 소개된 이 모델은 특정한 증상(환청과 망상)이 지속되는 것을 이해하고 임상적인 중재를 유도하는 데 도움이 된다. 위기에 처한 청년들은 아직 정신분열병과 같이 잘 형성된 정신병적 증상을 경험한 상태는 아니므로, 2001년 Morrison 등은 아직 굳게 형성된 정신병적 증상을 경험하지 않은 위기에 처한 청년들이 자신들의 침습적인 생각을 어떻게 해석하느냐에 초점을 맞춘 모델을 제시하였다. 물론 많은 부분에서 공황장애, 사회공포증, 우울증을 설명하는 모델과 공통점이 있지만, 개인에 따라 호소하는 문제가 매우 다양한 청년들에게 적합한 모델이다.

〈Morrison의 정신증 모델〉

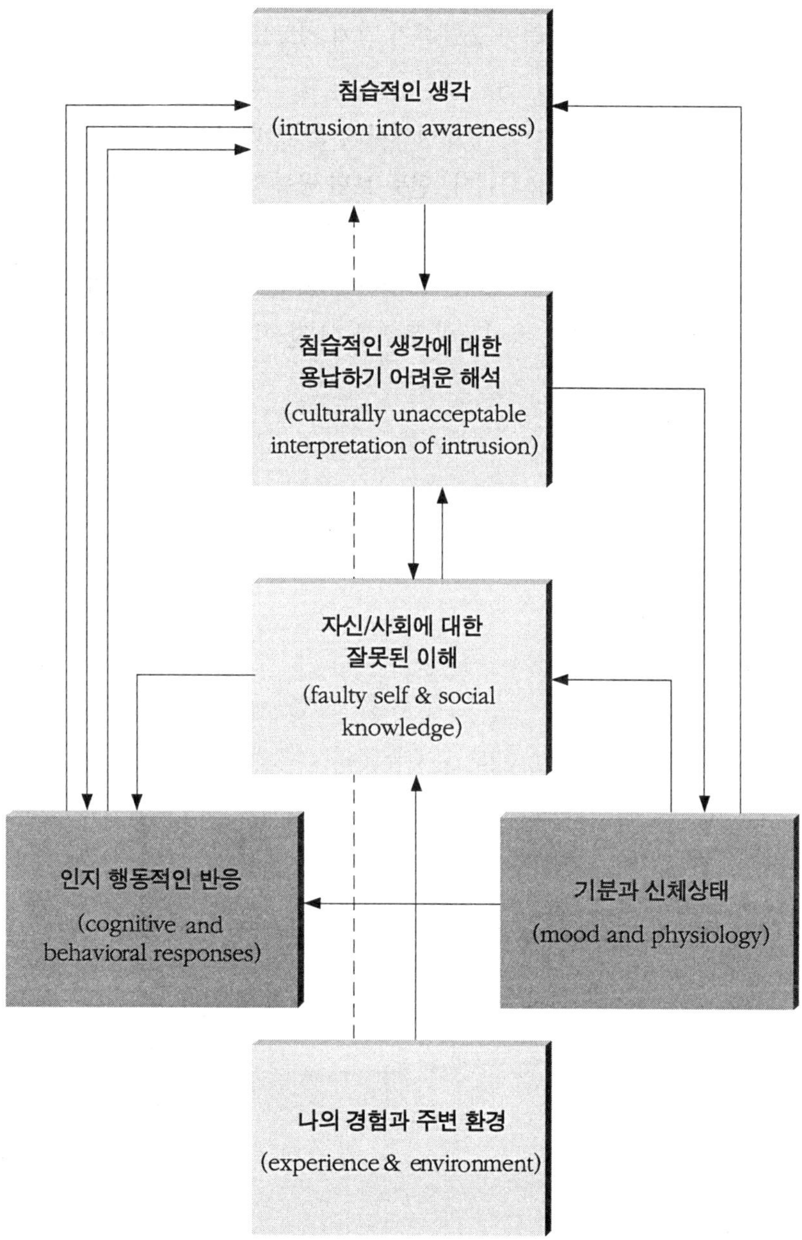

지난 시간에 '문제의 집짓기'에 대해 살펴보았습니다. '문제의 집짓기'는 인지치료에서 '도로 지도'와 같은 역할을 합니다. 우리가 정한 목표에 정확하고 빠르게 도착하려면 출발하기 전에 지도를 마련하는 것이 중요합니다.

이러한 '문제의 집짓기'는 공황장애나 우울증, 대인공포증 등의 인지치료에서도 공통적으로 사용됩니다. 언뜻 보면 공통점이 많은 비슷한 모델을 사용하고 있습니다.

오늘 여러분에게 소개해 드리는 모델은 2001년에 Morrison이라는 사람이 특히 여러분과 비슷한 청년들의 문제를 더 잘 이해할 수 있도록 만든 것입니다.

〈'고위험군' 인지치료를 위한 Morrison의 모델 적용〉

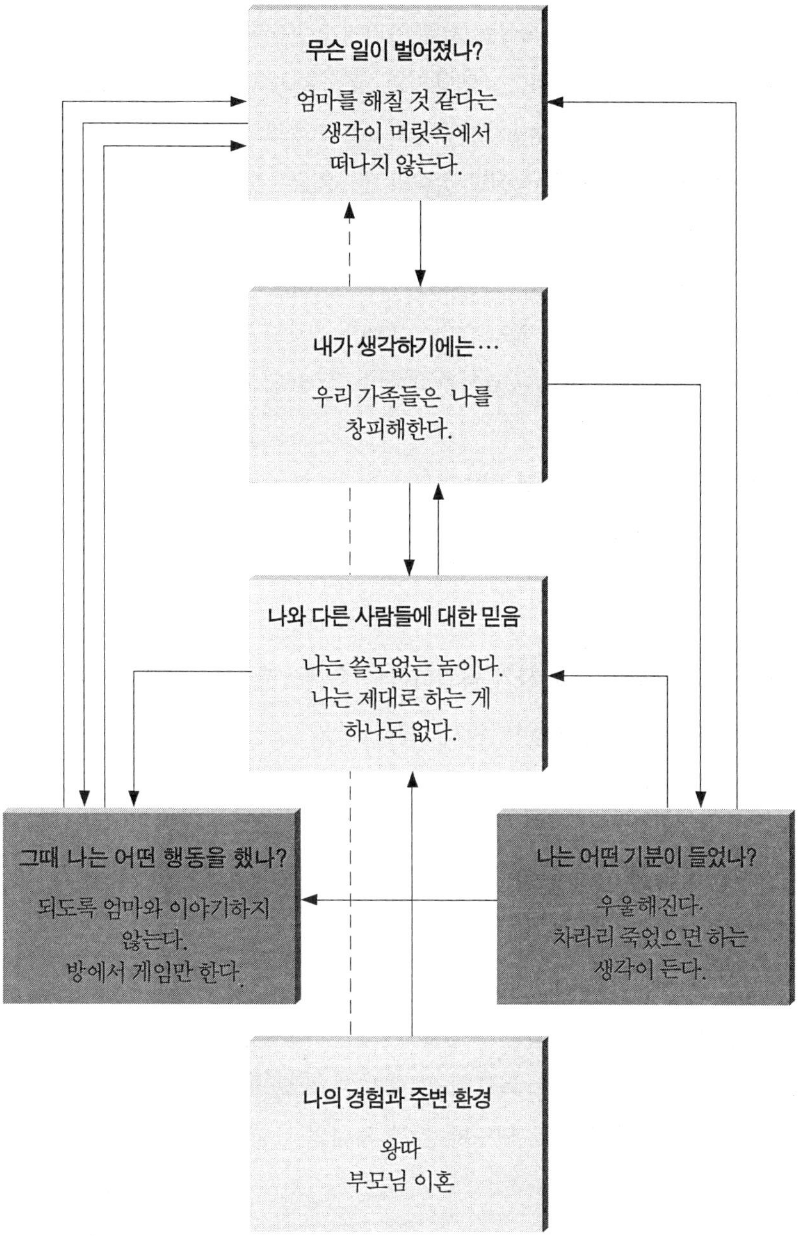

2) 조직화의 원칙

앞서 말한 바와 같이 조직화는 치료 초기에 이루어져야 하며 향후 치료의 방향을 정하는 데 필수적이다. 왜냐하면 조직화에 바탕을 둔 치료적 중재(therapeutic intervention)가 인지치료 과정의 핵심이기 때문이다. 우울증, 공황장애와 같은 다른 정신과 질환의 인지치료는 대부분 유사한 증상을 바탕으로 문제 해결을 하기 때문에 한 번의 면담 후에 쉽게 조직화가 가능하다. 그런데 고위험군의 경우에는 표현하는 증상이 매우 다양하기 때문에 한 번에 조직화를 완성하기가 결코 쉽지 않다. 하지만 조직화 과정 자체가 치료 개입을 촉진시키고 환자로 하여금 치료자가 자신의 말에 귀 기울이고 있다는 느낌이 들게 한다.

조직화는 또한 협동적으로 이루어져야 한다. 치료 초기의 환자의 요구를 반영하지 않은 광범위한 조직화는 환자들에게 위협적으로 느껴져 치료 관계 형성을 방해할 수도 있다.

(1) 환자가 이해하고 환자가 동의하는 수준에서 천천히 진행되어야 한다.

되도록 환자 스스로 자신의 인지, 행동, 감정, 신체 상태 등의 연결고리를 발견할 수 있도록 이끌어 주어야 한다.

(2) 증상이나 자신의 문제를 일상생활에 바탕을 둔 용어로 바꾸어 주어야 한다.

이는 인지적인 방법이 환자가 사회에 적응을 하거나 숙제 등을 통해서 쉽게 접근할 수 있도록 돕는 역할을 한다. 따라서 환자 스스로의 실제 경험에 바탕을 둔 설명으로 목표에 도달할 수 있도록 해야 한다. 치료자의 해석도 포함되어야 하지만 되도록 환자 자신의 표현으로 설명될 수 있어야 한다.

(3) 치료적 전략의 선택은 개개인의 특성에 따라 결정되어야 하며, 환자와 충분한 상의 후에 결정되어야 한다.

치료의 목적은 고통과 장애를 줄이고 삶의 질을 높이는 것이라는 점을 명심하고 지난 시간의 문제 목록을 바탕으로 우선순위를 매겨야 한다. 치료 안에서 성공 경험을 주기 위해 가장 쉬운 문제부터 시작하는 방법도 유용하다. 조직화는 치료자와 환자의 관계에 있어서 '시멘트' 같은 역할을 할 수 있다.

(4) 지속적으로 업데이트되어야 한다.

조직화는 치료 전반에 걸쳐 지속적으로 다듬어져야 한다. 만약 치료 중 새로운 사실에 대해 알게 된 것이 있으면 조직화에 반영해야 한다.

'문제의 집짓기'는 일반적이고 막막한 문제, 걱정, 고민들을 명확하고 이해 가능한 방식으로 풀어서 설명한 것입니다. 지난 시간에 알아본 나의 문제는 그 뒤에 숨어 있는 생각, 감정, 신체 상태들과 서로 영향을 주고받을 수 있습니다. 따라서 이 모든 것들은 '문제의 집짓기'에서 벽돌과 같은 역할을 합니다.

조직화-'문제의 집짓기'에는 몇 가지 원칙이 있습니다.

첫째, 여러분의 문제에 대한 집짓기이므로 여러분이 주체가 되어야 합니다. 치료자는 여러분이 안전하게 집을 지을 수 있도록 도와주는 보조 역할을 하게 됩니다.

둘째, '나만의 집'을 지어야 합니다. 아무리 크고 화려한 집이라도 내 집이라는 느낌이 없으면 불편하겠죠? 문제의 집은 다른 사람이 아닌 나의 문제에 꼭 맞게 지어져야 합니다.

셋째, 수리가 필요합니다. 치료의 시작에 지어진 집은 치료 과정 중의 변화나 새로 알려진 사실에 의해 고쳐질 수 있습니다. 일종의 '리모델링'이라고 생각하면 되겠습니다.

위와 같은 원칙하에 자신만의 모델을 작성해 봅니다. 오늘 만들어진 모델은 향후 치료 과정 중에 조금씩은 변화될 수 있으나, 치료의 바탕이 되는 중요한 틀이 됩니다.

4. 문제의 조직화 - 문제의 집짓기

다음은 지난 1회기 때 제시하였던 두리의 '문제의 조직화-문제의 집짓기' 예입니다.

내용을 살펴보고 화살표를 따라가 보면서 서로 어떻게 영향을 주고받는지 알아봅시다.

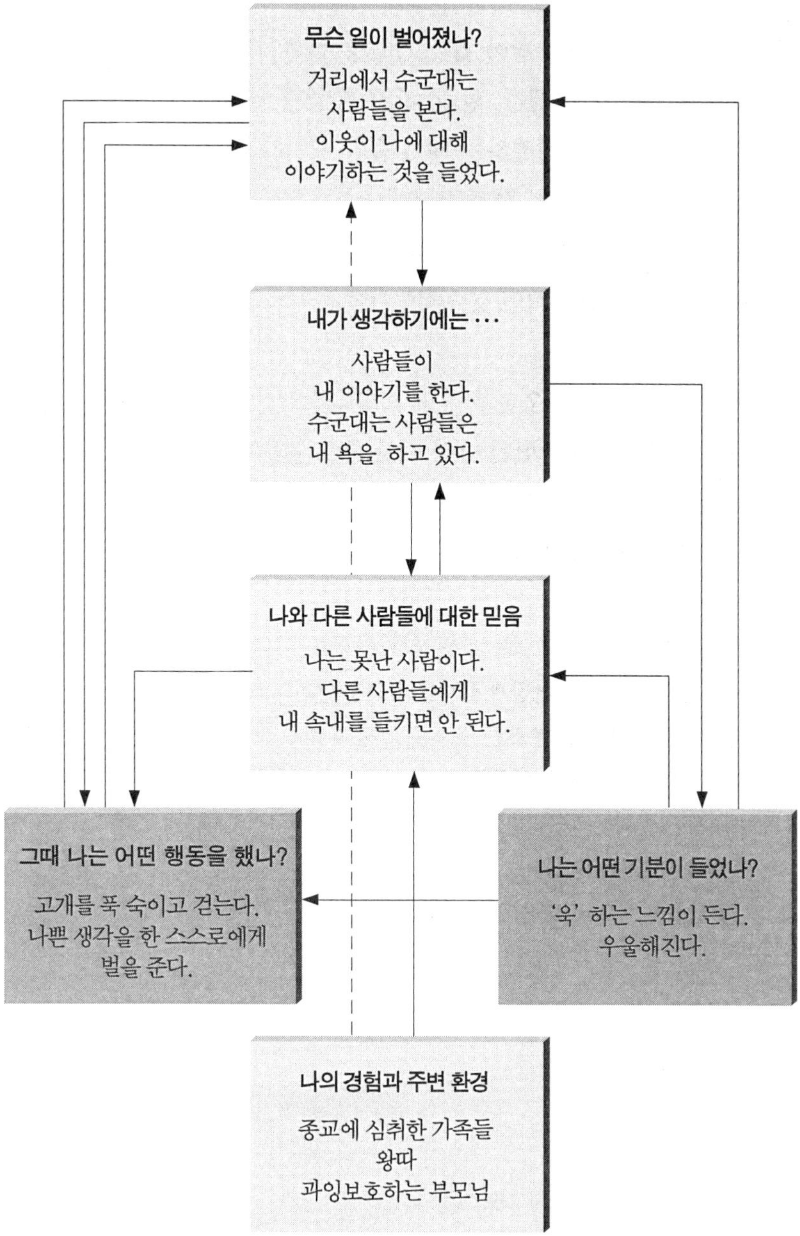
무슨 일이 벌어졌나?
거리에서 수군대는 사람들을 본다. 이웃이 나에 대해 이야기하는 것을 들었다.
내가 생각하기에는 ···
사람들이 내 이야기를 한다. 수군대는 사람들은 내 욕을 하고 있다.
나와 다른 사람들에 대한 믿음
나는 못난 사람이다. 다른 사람들에게 내 속내를 들키면 안 된다.
그때 나는 어떤 행동을 했나?
고개를 푹 숙이고 걷는다. 나쁜 생각을 한 스스로에게 벌을 준다.
나는 어떤 기분이 들었나?
'욱' 하는 느낌이 든다. 우울해진다.
나의 경험과 주변 환경
종교에 심취한 가족들
왕따
과잉보호하는 부모님

이제 여러분이 가장 힘들어하는 문제에 대해 자세히 살펴보겠습니다. 문제라는 것은 지금 이 순간 나를 힘들게 하는 것이지만, 그 문제는 실제로 다른 많은 것들에 영향을 받아 왔을 가능성이 매우 큽니다. 따라서 그 문제 뒤에 숨겨져 있는 나의 생각, 환경, 감정 및 행동에 대해 자세히 알아보는 것이 문제를 파악하고 해결하는 데 도움이 됩니다. 앞서 말씀드린 것처럼 그렇게 알게 된 나의 생각, 감정, 행동들은 '문제의 집짓기'에서 집을 튼튼하게 짓는 벽돌 같은 역할을 합니다.

이제는 각각의 벽돌에 어떤 것을 적어야 하는지 차근차근 알아보겠습니다.

(1) 무슨 일이 벌어졌나?

여기에는 지난 주에 정했던 나의 가장 중요한 문제에 관련된 '나를 힘들게 했던 상황이나 사건' 또는 '자꾸 떠올라서 나를 힘들게 하는 생각들(침습적 사고)'에 대해 적으면 됩니다.

예 사람들이 모여서 웃고 있는 것을 본다.
다른 사람들이 나를 어떻게 생각할까 걱정이 된다.
아무도 없을 때 나를 부르는 것 같은 느낌이 자주 든다.
가족들이 나의 일거수 일투족을 감시하는 것 같다.
나에게만 들리는 목소리가 있다.
차 안의 사람들이 나를 보고 비웃는다.
사람들을 해치는 상상을 한다.

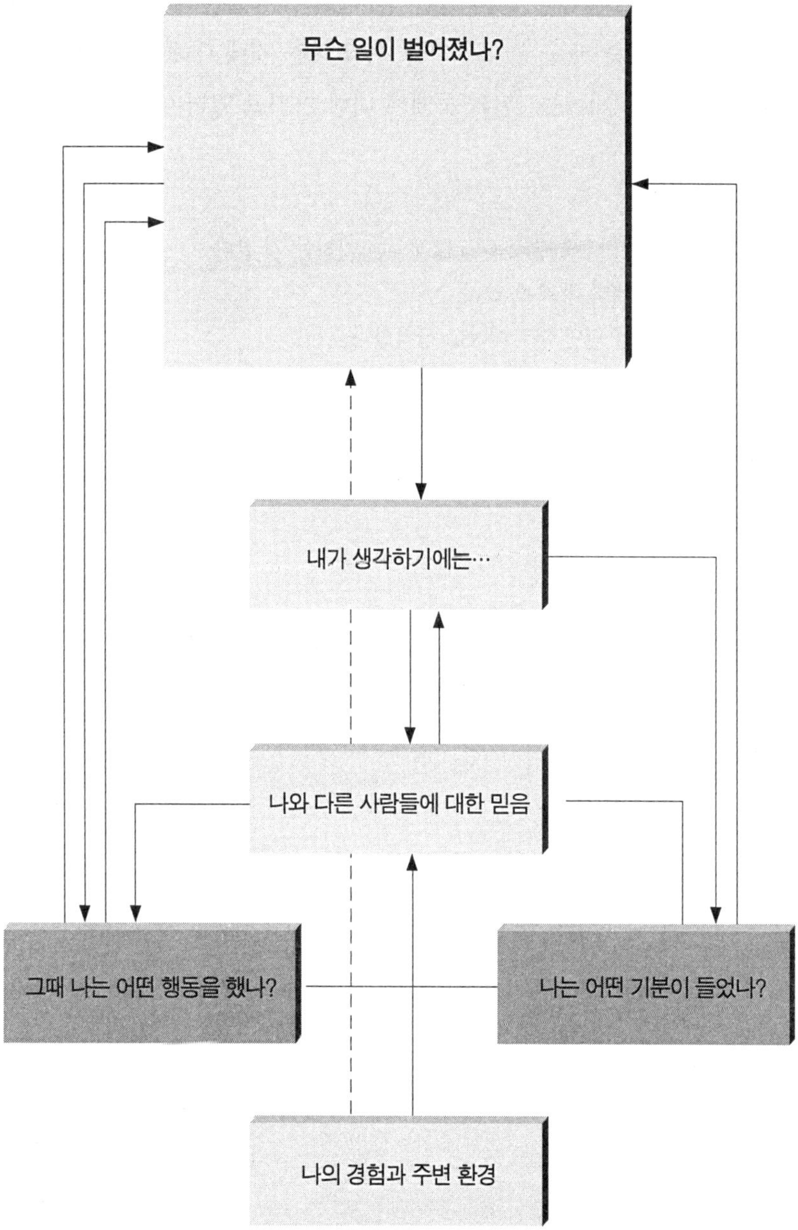
무슨 일이 벌어졌나?
내가 생각하기에는…
나와 다른 사람들에 대한 믿음
그때 나는 어떤 행동을 했나?
나는 어떤 기분이 들었나?
나의 경험과 주변 환경

(2) 내가 생각하기에는…

여기에는 '상황에 대한 나의 판단'을 적습니다. 같은 일이 일어나도 어떻게 해석하느냐는 사람에 따라 다를 수 있다는 것에 대해서는 이미 알고 계실 것입니다. 여기에는 '위의 문제에 대해 가지고 있는 나의 생각'을 적습니다.

예 다른 사람들이 나에 대해 좋지 않게 이야기하는 것 같다.
사람들이 모여서 내 욕을 한다.
가족들은 내가 별난 사람이라고 생각한다.
사람들이 내 마음을 읽는다.
깡패들이 나를 뒤쫓고 있다.
사람들이 내가 특별하다는 것을 알고 있다.

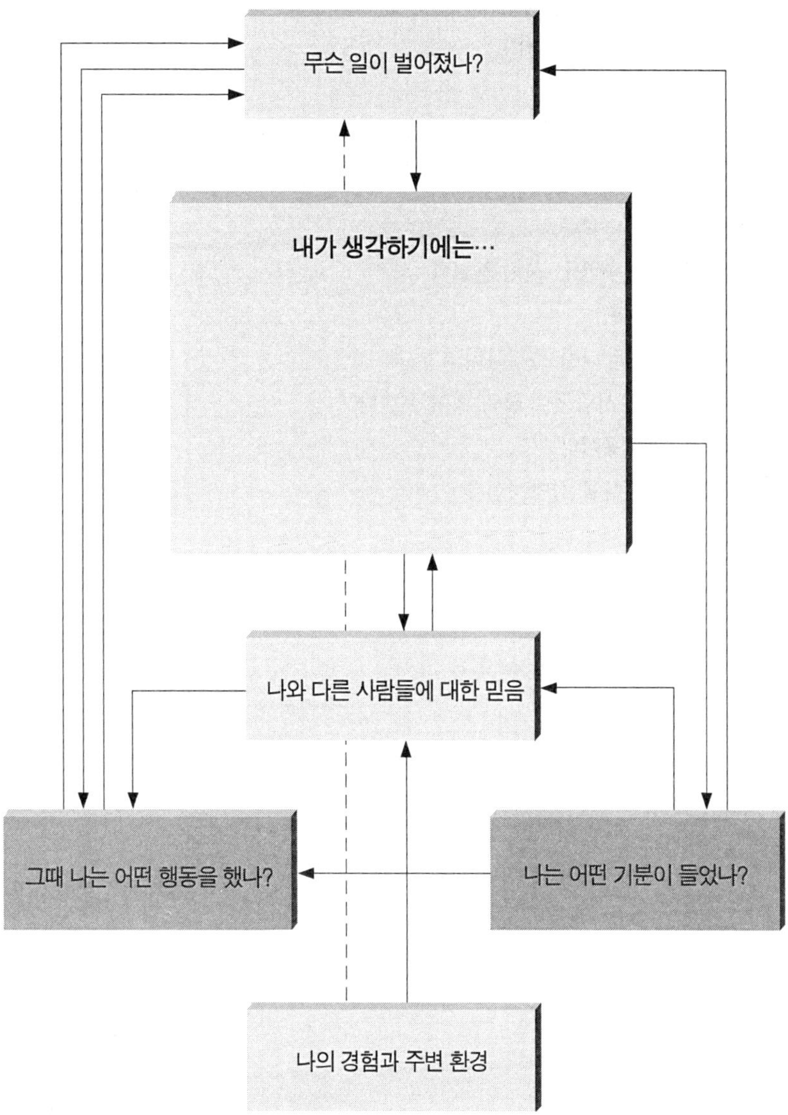
무슨 일이 벌어졌나?
내가 생각하기에는…
나와 다른 사람들에 대한 믿음
그때 나는 어떤 행동을 했나?
나는 어떤 기분이 들었나?
나의 경험과 주변 환경

(3) 나와 다른 사람들에 대한 믿음

이곳에는 '내가 가지고 있는 가치관, 내가 나와 다른 사람들에 대해 가지고 있는 신념' 을 적습니다.

예 나는 쓸모없는 사람이다.
사람은 누구나 다 혼자다.
나는 남들과 다르다.
세상에 믿을 수 있는 사람은 없다.
나는 특별하다.
다른 사람들은 나를 조정하려고 한다.
나는 늘 다른 사람들이 돌봐 줘야만 한다.
세상은 험한 곳이다.
사람들은 늘 나를 실망시킨다.

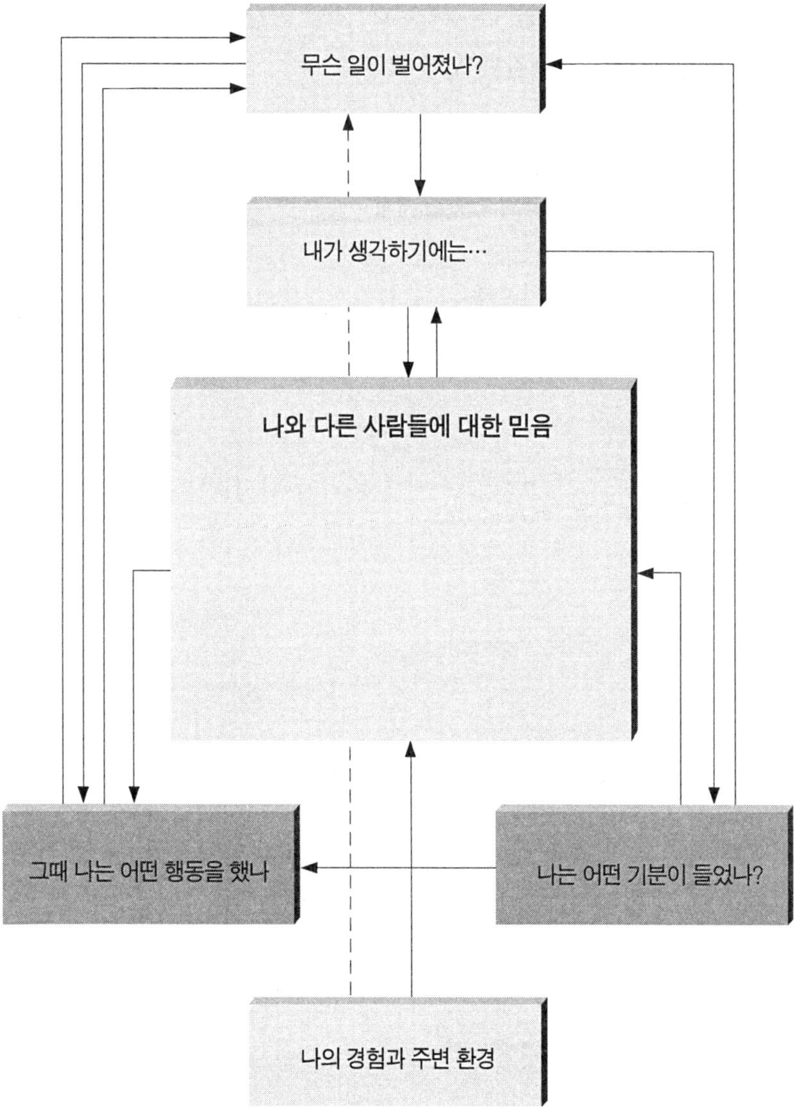
무슨 일이 벌어졌나?
내가 생각하기에는…
나와 다른 사람들에 대한 믿음
그때 나는 어떤 행동을 했나
나는 어떤 기분이 들었나?
나의 경험과 주변 환경

(4) 나의 경험과 주변 환경

주변 환경에는 같은 상황에서 내가 이렇게 생각하고 바라게 된 것에 영향을 준 '나의 지나온 날들' 을 적습니다. 지난 시간에 숙제로 해 왔던 '나의 자서전' 을 참고하여 생각해 보면 됩니다.

예 초등학교 때의 왕따 경험
두 살 때 자동차 밑에 갇혀 있었던 경험
정신병이 있는 어머니
여자친구/남자친구와의 이별
어머니를 때리는 아버지/아버지의 폭력
가정불화/부모님의 이혼
유학 실패
과잉보호하는 부모님

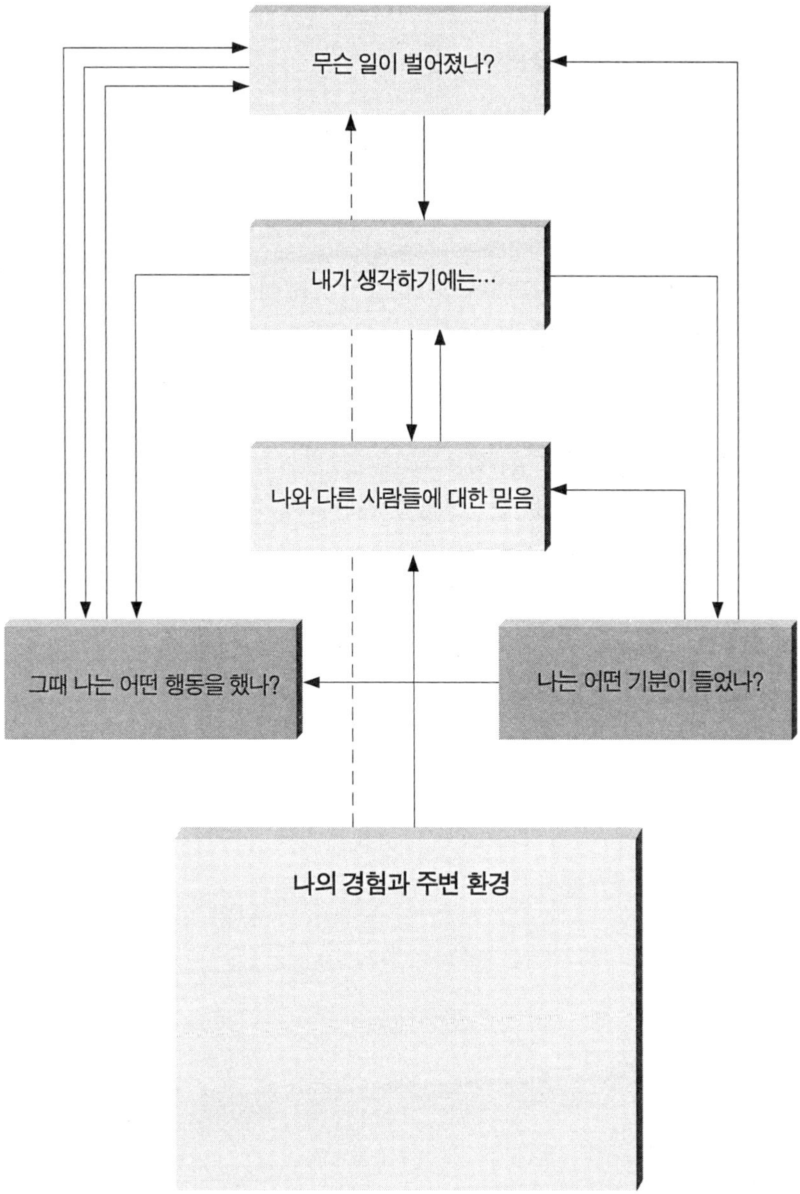
무슨 일이 벌어졌나?
내가 생각하기에는…
나와 다른 사람들에 대한 믿음
그때 나는 어떤 행동을 했나?
나는 어떤 기분이 들었나?
나의 경험과 주변 환경

(5) 그때 나는 어떤 행동을 했나?

여기에는 '그 상황에서 불안함을 해결하거나 괴로움을 피하기 위해 나만이 하는 행동' 들을 적습니다.

예 (다른 사람들의 시선을 피하기 위해) 고개를 푹 숙이고 걸어갔다.
(사람들이 뒤에서 나에 대해 수군거릴까 봐) 버스에서는 늘 뒷자리에 앉기 위해 노력한다.
혼자서 보내는 시간이 늘었다.
되도록이면 TV를 보지 않는다.
MP3 를 들으며 소리에 신경 쓰지 않으려 한다.
좋지 않은 생각을 한 스스로에게 벌을 준다.
모든 생각과 행동을 조절하려고 노력한다.
사람들이 나를 보고 있다는 신호를 찾아내려고 한다.
나를 따라오는 사람들에게 화를 낸다.

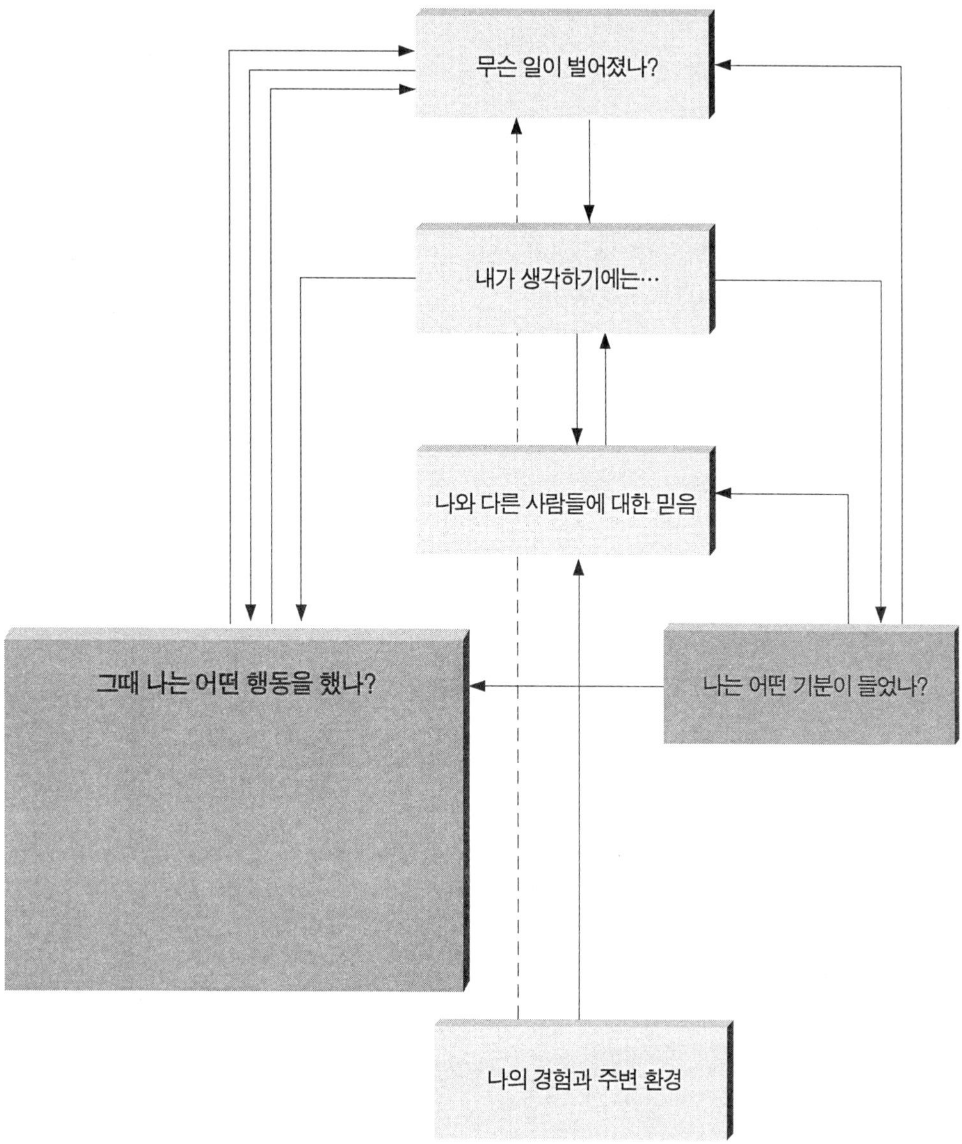
무슨 일이 벌어졌나?
내가 생각하기에는…
나와 다른 사람들에 대한 믿음
그때 나는 어떤 행동을 했나?
나는 어떤 기분이 들었나?
나의 경험과 주변 환경

(6) 나는 어떤 기분이 들었나?

그 상황에서 느껴지는 '나의 기분 및 감정, 기분과 관련된 신체 변화, 신체 상태' 등을 적습니다.

예 우울하다.
화가 난다.
잠들기가 어렵다.
자꾸 짜증이 난다.
가슴이 두근두근 뛴다.
잘 먹지 못하고, 먹어도 소화가 잘 안 된다.
의심이 많아지고, 불안해진다.
여기저기 아프다.

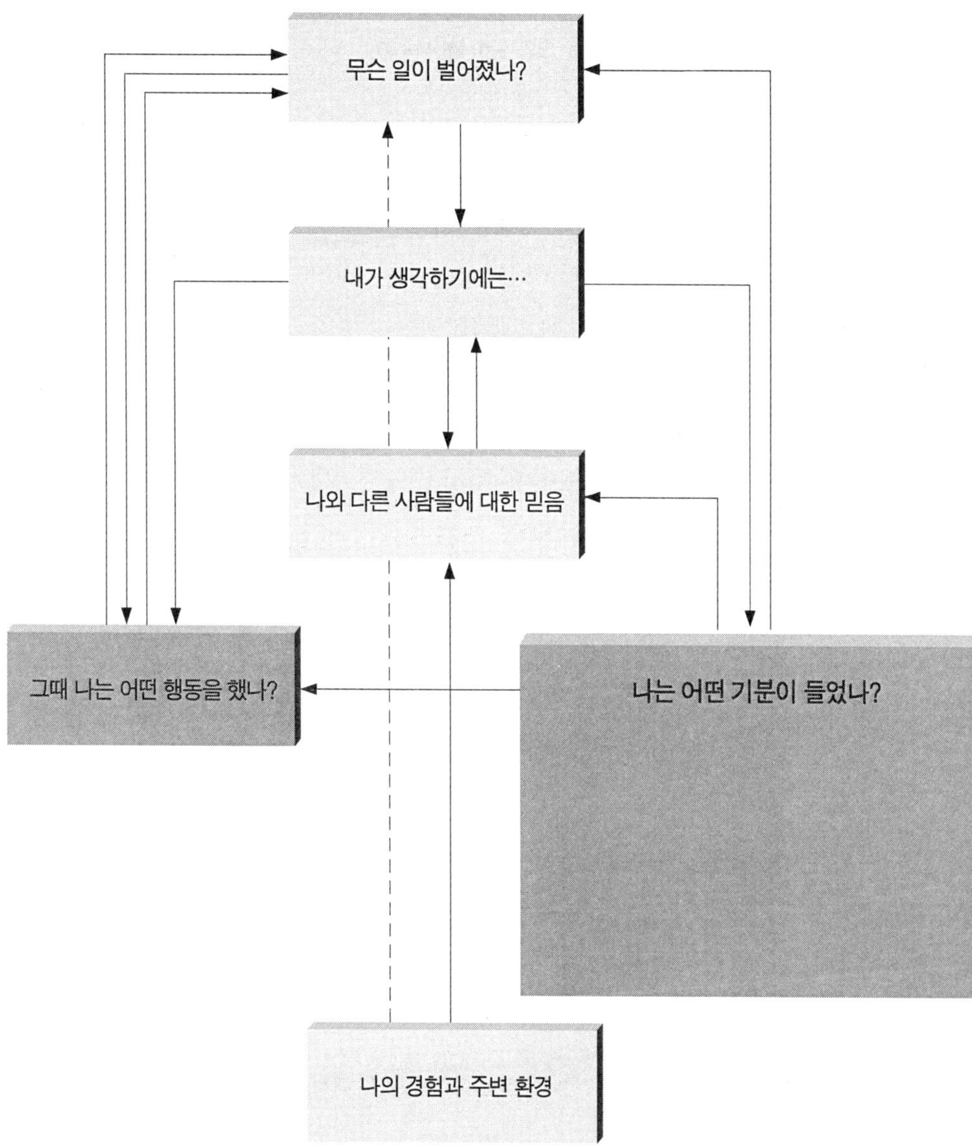
무슨 일이 벌어졌나?
내가 생각하기에는…
나와 다른 사람들에 대한 믿음
그때 나는 어떤 행동을 했나?
나는 어떤 기분이 들었나?
나의 경험과 주변 환경

위의 완성된 벽돌들로 '문제의 집짓기' 를 해 봅시다.

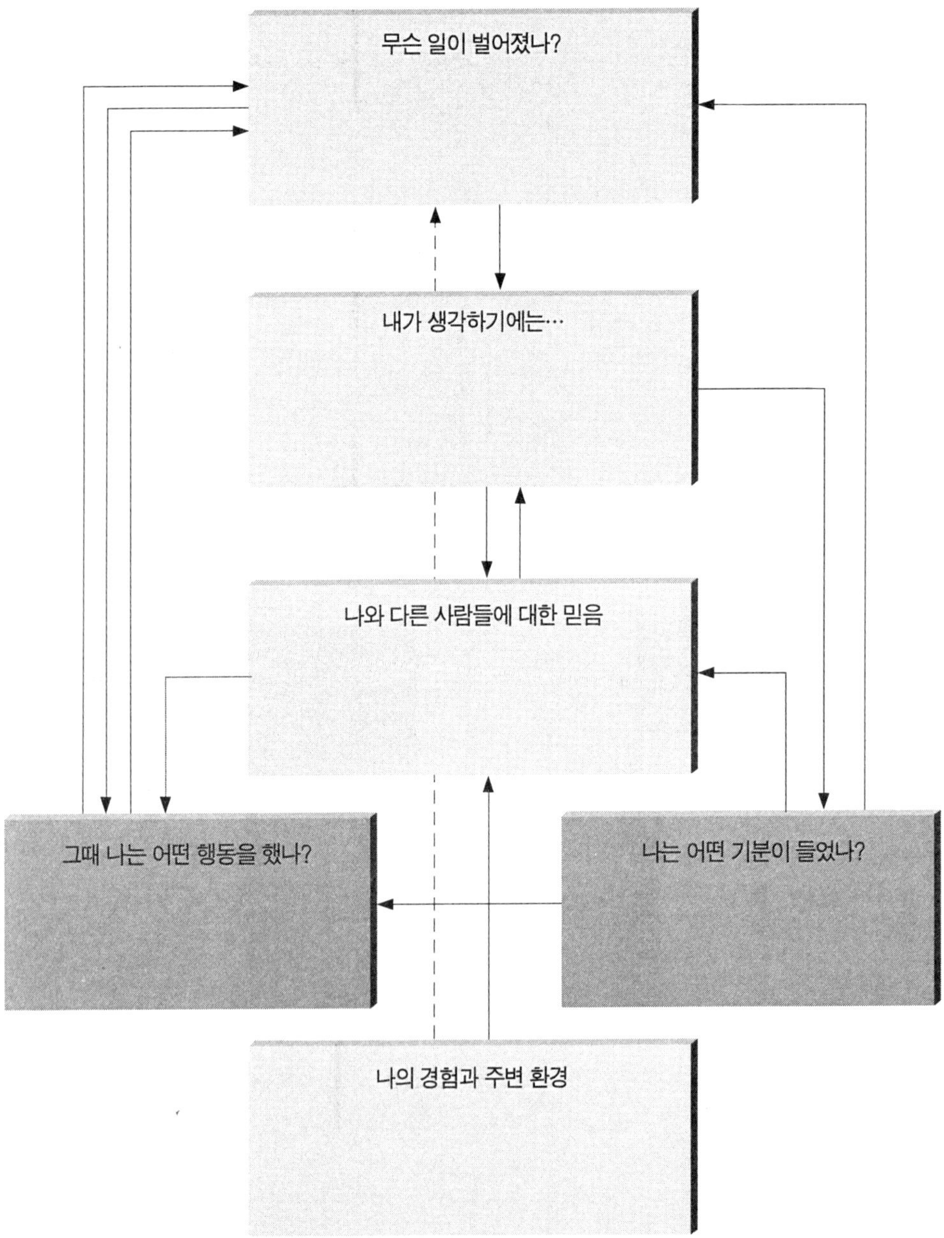

마지막으로 완성된 '문제의 집짓기' 를 살펴보면서 치료자와 함께 자신의 문제에 대해 설명해 봅시다.

오늘은 인지치료의 시작에서 가장 중요한 '문제의 집짓기' 를 해 보았습니다. 이 '문제의 집' 을 바탕으로 앞으로의 치료가 한 발 한 발 진행되어 갈 것입니다.

숙제

숙제는 오늘 활동한 '문제의 집짓기' 를 바탕으로 한 편의 이야기를 써 보는 것입니다. 나의 문제가 어떻게 시작되었고, 그때 나는 어떤 생각과 행동을 했으며, 그때 나의 기분 상태는 어떠했는지, 이러한 문제에 영향을 주었던 나의 어린 시절의 경험은 무엇이 있는지 한 편의 이야기로 만들어 봅시다.

나의 이야기

4 회기

한 가지 경험, 만 가지 생각 – 달리 설명하기

1. 지난 시간에 대한 요약
2. 숙제 검토
3. 대안설명
4. 달리 설명하기
5. 생각의 탐정놀이

1. 지난 시간에 대한 요약

지난 시간에는 앞으로 인지치료의 바탕이 될 중요한 '문제의 집짓기'를 해 보았습니다. 하나의 문제 뒤에는 그 문제와 연결된 나의 생각, 감정, 행동, 그리고 주변 환경이 있습니다. 내 문제를 깊이 있게 이해하는 것은 그 문제에 잘 대처하기 위한 가장 좋은 방법이며, 이해하는 것만으로도 문제의 일부가 저절로 풀리기도 합니다. 지난 시간은 처음으로 집을 지어 본 것이기 때문에 익숙하지 않고 다소 어렵게 느껴지셨을 수도 있습니다. 하지만 앞으로 인지치료를 진행해 나가다 보면 "아, 집의 '행동' 벽돌 칸에는 이 내용이 들어가는 게 더 잘 연결되겠구나." 라고 생각이 떠오를 수 있습니다. 집은 언제든지 고쳐지고 새로 지어질 수 있습니다. 앞으로 인지치료의 중간중간에 처음 지은 집을 돌아보고 다시 새로 다듬어 보는 시간을 갖는 기회가 있을 것입니다.

집짓기(formulation)를 한 번에 충분히 완성하기는 어려울 수 있다. 이는 환자가 이해하기 어려워서였을 수도 있고, 아직 치료자와 충분한 라포가 쌓이지 않아 자신의 이야기를 다 털어놓지 못하여서 그럴 수도 있다. 그러나 첫 집짓기는 앞으로 인지치료 각 장의 주 재료(material)가 되는 만큼, 환자가 이해하고 마음을 여는 범위 내에서 최대한 잘 조직화하는 것이 중요하다. 인지치료를 진행해 나가면서 환자가 치료자와 관계가 형성되어 또는 스스로 잘 몰랐던 증상을 깨닫게 되어 새로운 중요한 생각이나 해석을 이야기할 수 있는데, 이럴 경우 이 책의 3회기 내용으로 돌아가 그 내용을 집짓기에 추가해 주거나, 또는 내용이 완전히 바뀐 경우 새로 지어보는 것이 좋다.

2. 숙제 검토

지난 시간의 숙제는 '나의 이야기' 를 적어 보는 것이었습니다. 2회기의 숙제인 '자서전 쓰기' 가 나의 살아온 경험을 여러 분야에서 하나하나 떠올려 보는 것이었다면, 이번 숙제는 나의 문제와 관련된 여러 가지 생각, 기분, 행동, 환경들을 자연스럽게 연결하여 하나의 이야기로 만들어 보는 것이었습니다. 어떠셨나요? 이 이야기가 나를 좀 더 이해하는 데 도움이 되었나요? 이야기를 만들면서 더 떠오른 중요한 내용이 있었다면 함께 이야기해 봅시다.

어떠한 저절로 떠오르는 생각(intrasion)에 대한 '해석(interpretation)'은 정신병적 증상을 이해하는 핵심이다. 환청 자체보다 환청에 대한 당사자의 해석이 정신병적 증상의 여부를 가름한다는 것이다. 예를 들어, 환청을 들었을 때 '내가 잠을 못 자서 헛소리를 들었나?' '요즘 스트레스가 많다보니 별일이 다 있군.'이라고 생각하면 환청에 대한 각성도(arousal)나 스트레스가 줄어들겠지만, '내가 미쳤나 보다.' '옆집 사람이 나를 해치려고 감시하는 소리구나.'라고 생각하면 환청에 과예민상태(hypervigilance)가 되고 이 현상을 줄이기 위한 행동(safety behavior-5회기 내용 참조)을 하게 된다. 이러한 증상에 대한 hypervigilance safety behavior는 그 자체가 정신병적 증상의 빈도를 높인다는 면에서 중요하다.

또한 어떠한 해석을 하는가에 따라 감정(mood)과, 생리적 반응(physiology)이 달라지고(3회기 '문제의 집짓기' 참조) 결정적으로 환자가 주관적으로 느끼는 고통의 정도가 달라진다.

따라서 '달리 설명하기'는 정신증의 인지치료에 있어서 가장 핵심적인 부분이라 할 수 있다.

3. 대안설명

여러분은 자신의 경험(생각이나 이미지, 소리 등)을 어떻게 해석하는가에 따라 감정과 행동이 달라진다는 것을 배웠을 것입니다. 어쩌면 여러분의 고통은 여러분의 생각 때문일 수도 있습니다. 오늘은 관찰자가 되어 거울에 내 모습을 비추어 보듯 내 생각을 들여다보도록 하겠습니다. 오늘의 목표는 자신이 겪은 경험에 대해 가능한 모든 설명을 해 보고 그 생각이 얼마나 정확한지 평가해 보는 것입니다.

자신의 생각을 다른 사람과 함께 확인해 보는 것은 어려운 일일지 모릅니다. 내 생각에 대해 다른 사람들이 어떻게 생각할지 두려울 수도 있습니다. 두려움 자체는 나쁜 것이 아닙니다. 자신의 생각을 솔직하게 말하는 용기를 발휘한다면 스스로에 대해 더 잘 알 수 있는 기회가 될 것입니다.

하나의 경험에 대해 여러 가지 다른 설명(대안설명)을 하는 이유는 하나의 생각에 얽매임으로 해서 발생하는 스트레스를 줄이고, 증거에 비추어 보다 합당한 설명을 찾기 위함입니다. 이를 위해서 어떤 특정한 생각으로 인한 이로운 점과 해로운 점을 평가하는 것이 중요합니다.

인지치료는 짜임새 있게 나아가는 것이 중요하므로 3회기에서 환자가 만들었던 집짓기를 펼쳐 '내가 생각하기에는' 부분을 활용하는 것이 좋다. 환자가 '달리 설명하기'를 해 나가면서 정신병적 증상에 핵심이 되는 더 중요한 해석을 내놓기도 하는데, 그런 경우 그 내용을 활용하여 달리 설명하기를 하고, 3회기의 집짓기를 일부 수정하거나, 다시 그려 보는 것이 좋다. 4~7회기를 해 나가면서 환자는 인지적으로 자신의 증상을 바라보는 법을 터득하게 되고, 치료자와 라포도 쌓이게 되어 좀 더 핵심적인 증상을 말하게 되기도 한다. 이러한 경우 치료자는 이에 대해 크게 지지하고 집을 다시 지어 주는 것이 좋다. 3회기

에도 나와 있듯이 집은 '지속적으로 업데이트 되어야 한다.'

지난 시간에 했던 나의 '문제의 집짓기'를 펼쳐 봅시다.

오늘은 집짓기 중에서 '내가 생각하기에는' 항목에 대해 여러 가지 다른 가능성을 찾아보기로 합니다.

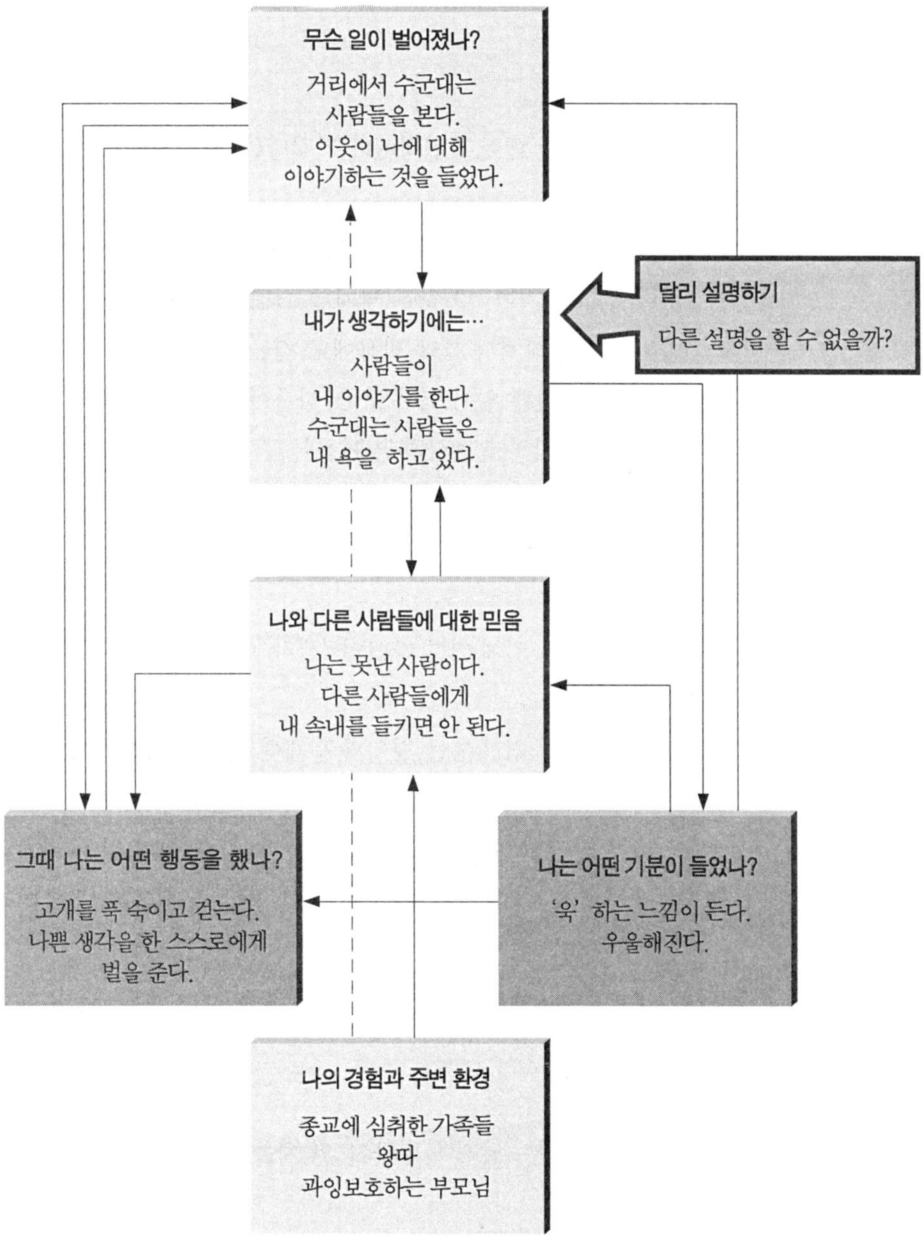

무슨 일이 벌어졌나?
거리에서 수군대는 사람들을 본다. 이웃이 나에 대해 이야기하는 것을 들었다.
달리 설명하기
다른 설명을 할 수 없을까?
내가 생각하기에는…
사람들이 내 이야기를 한다. 수군대는 사람들은 내 욕을 하고 있다.
나와 다른 사람들에 대한 믿음
나는 못난 사람이다. 다른 사람들에게 내 속내를 들키면 안 된다.
그때 나는 어떤 행동을 했나?
고개를 푹 숙이고 걷는다. 나쁜 생각을 한 스스로에게 벌을 준다.
나는 어떤 기분이 들었나?
'욱' 하는 느낌이 든다. 우울해진다.
나의 경험과 주변 환경
종교에 심취한 가족들
왕따
과잉보호하는 부모님

4. 달리 설명하기

첫 시간에 이야기했던 데이트 신청했다 거절당한 두 남자의 이야기를 기억하세요?

똑같이 상대방이 "오늘은 시간이 없는데요."라고 했는데, 한 사람은 '내가 매력이 없어서 그런 거야. 나 같은 남자를 어떤 여자가 좋아하겠어.' 라는 생각에 한없이 우울해져서 그만 회사에도 결근을 하고 말았습니다. 하지만 다른 한 남자는 '바쁜 일이 있나 보군. 다음에 한 번 더 연락해 보자.' 하고 대수롭지 않게 생각하고 출근하였습니다.

인지치료는 **생각** 이다.

여러분은 어떤 일어난 일에 대한 자신의 '생각' 이 중요하다는 것을 배웠을 것입니다.

이처럼 지금 여러분이 겪고 있는 경험과 문제에 대해서 여러분이 가지고 있는 생각이 매우 중요합니다. 여러분은 여러분의 경험이 일어난 이유에 대해서 여러 가지 생각을 해 보았을 것이고, 이 생각은 여러 번 바뀌기도 했을 것입니다. 따라서 이번 시간에는 여러분의 경험, 문제들에 대해 여러분이 할 수 있는 가능한 모든 설명과 이유들을 찾아보려고 합니다.

이렇게 한 가지 경험, 현상에 대해 다양한 생각을 하는 것을 '달리 설명하기' 라고 합니다.

먼저 두리 친구가 해 본 '달리 설명하기' 의 예를 살펴봅시다.

두리의 '달리 설명하기'

1. 나의 경험 1 : 옷장 위에 귀신 그림자가 보인다.

2. 이러한 경험에 대한 나의 생각(내가 생각하기에 이러한 일이 일어나는 이유들)
   - 하나님이 나를 벌하는 것이다.
   - 뇌종양이 생겼을지 모른다.
   - 내가 미쳐 가나 보다.

3. 다른 사람들이 가진 이 경험에 대한 생각
   어떤 의사가 말하길, 내가 공부할 때 먹은 각성제가 이런 현상을 일으킬 수 있다고 했다.

4. 지금 생각나는 다른 가능성(마음속에 떠오르는 다른 이유)
   - 스트레스 때문일지 모른다.
   - 누군가 나를 해치려고 그런 것을 만들어 놓은 것은 아닐까?

다음 순서는 위에서 해 본 각각의 설명에 대한 '믿음 점수' 를 매기는 것입니다.

5. 믿음 점수 매기기: 각각의 생각에 대한 나의 확신 정도를 점수로 매기는 것
   - 그 생각을 전혀 믿지 않으면 '0점'
   - 그 생각이 완전히 진실이며 확실하다고 생각하면 '100점' 입니다.

6. 생각에 대한 감정을 살피기

위의 5번, 6번에 대해 두리가 만든 표를 살펴봅시다.

〈두리의 예〉

나의 생각	믿음 점수(0~100점)	생각에 대한 나의 감정
하나님이 나를 벌하는 것이다.	40점	두렵다.
뇌종양	100점	신경 쓰이지 않는다.
미쳐 가나 보다.	85점	괜찮기도 하고 두렵기도 하다.
누군가 나를 해치려고 한다.	5점	무섭다.
스트레스	90점	잘 모르겠다.

이제 나의 경험을 가지고 두리와 같은 '달리 설명하기' 를 해 봅시다.

달리 설명하기

(1) 나의 경험

(2) 이러한 경험에 대한 나의 생각(내가 생각하기에 이러한 일이 일어나는 이유)

(3) 다른 사람들이 가진 이 경험에 대한 생각

(4) 지금 생각나는 다른 가능성(마음속에 떠오르는 다른 이유)

(5) 믿음 점수 매기기

(6) 생각에 대한 나의 감정 살피기

나의 생각	믿음 점수 (0~100점)	생각에 대한 나의 감정

이 '달리 설명하기' 에서 우리가 배울 수 있는 것은 무엇일까요?

바로 '생각' 의 힘입니다.

경험은 한 가지이지만, 그것을 어떻게 생각하느냐에 따라 그 경험에 대한 나의 감정과 기분, 스트레스 정도가 달라진다는 사실입니다.

자, 그럼 조금 더 발전해서 '생각의 탐정놀이'를 해 봅시다.

나의 생각들에 대해서 스스로 탐정이 되어 증거를 수집하는 것입니다.

하나의 생각에 대해, 그것이 사실이라는 것을 보여 주는 증거를 우선 찾아보고, 반대로 그것이 사실이 아닐 가능성을 보여 주는 증거들도 찾아봅시다.

먼저 위의 '달리 설명하기'에서 가장 높은 믿음 점수를 얻은 생각을 가지고 그 생각이 얼마나 믿을 만한 것인지 생각의 탐정놀이를 해 봅시다.

5. 생각의 탐정놀이

내 생각의 증거를 찾기가 어려우시다구요?

여러분이 수색을 하는 데 도움이 될 만한 몇 가지 방법을 알려드리겠습니다.

여러분은 다음과 같은 질문들을 스스로에게 해 보면서 나의 생각에 대한 증거들을 찾아갈 수 있습니다.

(1) 반대해 보기

여러분이 이 생각을 반대하고자 한다면 어떤 증거를 댈 수 있을까요?

두리의 경우 '귀신'이 보였다는 것에 반대하려면 어떤 증거를 댈 수 있을까요?

이 생각이 언제나 100% 사실은 아니라는 것을 설명할 수 있는 방법이 있을까요?

(2) 다른 사람의 입장이 되어 생각하기

가까운 친구나 가족이 이 경험에 대해 이런 식으로 생각한다면 나는 그 사람에게 뭐라고 말할 것 같나요?

두리는 짝이 내일 아침에 학교에 와서 "우리 집 옷장 위에 귀신이 보여."라고 하면 그 친구에게 뭐라고 말할까를 생각해 보았습니다.

(3) 다른 사람들의 의견을 생각해 보기

내가 이런 생각을 한다면 다른 사람들이 뭐라고 말할 것 같나요?

예를 들어, 나의 생각을 어머니에게 이야기하면 뭐라고 말할 것 같나요?

가까운 친구나 가족이 내가 이런 식으로 생각한다는 것을 안다면 뭐라고 말할 것 같나요?

'내 생각이 100% 사실은 아니다.' 라는 것을 이해시키기 위해 내 주변 사람들은 무슨 말을 할 것 같나요?

(4) 경험

이 경험의 이유를 찾을 때 나의 과거 경험으로부터 생각해 낸 것이 있나요?

두리의 경우는 함께 살던 친할아버지가 3년 전 암으로 돌아가셨습니다. 그래서 두리는 자신도 뇌종양 같은 암에 걸린 것이 아닐까 걱정되었다고 합니다.

이처럼 내가 이러한 생각을 하는 데 있어서 영향을 준 과거의 경험이 있나요?

내가 100% 사실일 거라고 믿었다가 그렇지 않다고 밝혀진 적이 있나요?

(5) 생각의 오류

생각의 오류란 생각의 '내용'이 맞다, 틀리다보다는 생각하는 '방법' 자체가 잘못된 경우를 말합니다. 즉, 이 지도가 맞냐, 틀리냐의 문제가 아니라 지도를 그리는 방법이 틀린 경우입니다.

먼저, 내가 잘못 생각하는 경우도 있다고 생각하나요? 그런 경우가 있다고 생각된다면 구체적으로 다음과 같은 생각의 오류가 있는지 점검해 봅시다.

① 성급한 결론: 확실한 증거도 없이 성급히 결론 내리지는 않았나요?

예 '머리가 아픈 걸 보니 뇌종양이군.'

- 머리가 아프다는 것만으로 다른 검사 결과나 증거 없이 성급히 '뇌종양'이라고 결론지음
- 합리적인 생각: '머리가 아프네. 어제 잠은 잘 잤던가? 전에 이만큼 아픈 적은 없었던가? 좀 기다리면 덜 아파지지 않을까'

② 증거의 축소: 내가 잊어버렸거나, 고려하지 않았거나, 축소시켜 버린 증거는 없나요?

예 '한 시간 동안이나 이렇게 머리가 아프다니, 큰 병에 걸린 것이 분명해.'

- 그 한 시간 이전, 그 전날에도 내내 머리 아픈 적이 한 번도 없다는 것을 무시하고 있음

③ 흑백 논리: 중간의 여러 단계는 무시하고 극단적인 최고의 상황과 최악의 상황 두 가지만 생각하지는 않았나요?

예 '내 눈에 귀신이 보이는 걸 보면, 난 뇌종양이라는 무서운 병에 걸렸거나 놀라운 초능력을 가졌거나 둘 중 하나일 거야.'

④ 비이성적인 결론: 실제 사실이 어떤지 보지 않고 내 느낌에 의존해서 잘못 생각하고 있지는 않나요?

예 '아이들이 모여서 자게 이야기를 하고 있네. 나를 쳐다보지는 않지만 내 육감에 의하면 내 얘기를 하는 게 틀림없어.'

– 자신의 이야기라는 증거가 전혀 없음에도 느낌에 의존해서 결론을 내리고 있음

(6) 안전 행동

이러한 생각을 계속 하게 만드는, 내가 하고 있는 어떤 행동은 없나요?

내가 이런 일이 일어나지 않도록 막기 위해 하고 있는 행동은 없나요? 이것이 나의 눈을 가리고 있지는 않나요?

두리의 경우, 옷장 위에 귀신이 보이는 것이 뇌종양 때문이라 생각했고, 그래서 뇌를 회복시킨다는 호흡 훈련을 했습니다. 두리는 시체가 안 보일 때에는 호흡 훈련 덕분이라고 생각했고, 결과적으로 뇌종양이 맞다고 더욱 생각하게 되었습니다.

이 생각을 반박할 수 있는 어떤 증거에 도전해 볼 수 있는데, 너무 겁이 나서 피하고 있지는 않나요?

두리의 경우, 뇌에 대한 CT 촬영이나 MRI 촬영을 해 볼 수 있을 것입니다. 그러나 두리는 그럴 경우 그것이 뇌종양이 아니라 자신이 미쳤다는 뜻이 될까 봐 호흡 훈련만 계속하고 있습니다.

두리 또한 여러분들과 같이 위의 질문들을 통해서 스스로의 생각에 도전해 보았습니다.

위의 탐정놀이에서 찾아낸 것들을 이용하여 반대 증거 칸을 채워 봅시다.

〈두리의 예〉

도전해야 할 생각: 뇌종양에 걸렸다.
생각에 대한 감정: 신경 쓰이지 않는다.
믿음 점수: 100점

지지하는 증거	반대되는 증거
• 나는 많은 이상한 경험들을 하고 있다. • 뇌종양이 있는 사람에겐 이상한 현상들이 생긴다. • 나는 종종 두통이 있다.	• 뇌종양이 있는 사람들은 증상이 점점 나빠진다. 그런데 나는 증상이 점점 좋아지고 있다. • 나는 이러한 경험을 합리적으로 생각하는 법을 배웠다. • 내가 합리적으로 생각하면 증상이 줄어들고 사라졌다. 뇌종양이라면 생각에 의해 증상이 사라지지 않을 것이다. • 나는 두통약을 먹으면 낫는다. 뇌종양의 경우 두통약이 소용 없다고 한다.

믿음 점수(재평가): 70점
다른 설명: 이 현상은 스트레스 때문일지 모른다. 두통도 그 때문일지 모르겠다.
생각에 대한 감정: 더 긴장이 풀렸다.

이제 나의 생각에 도전해 봅시다(내 믿음 점수 1위인 생각에 도전하기).

생각의 탐정놀이

도전해야 할 생각:
생각에 대한 감정:
믿음 점수:

지지하는 증거	반대되는 증거

믿음 점수(재평가):
다른 설명:

생각에 대한 감정:

숙제

다른 대안설명에 대해서 도전해 봅시다(믿음 점수 2위인 것에 혼자서 도전해 보기).

도전해야 할 생각:
생각에 대한 감정:
믿음 점수:

지지하는 증거	반대되는 증거

믿음 점수(재평가):
다른 설명:

생각에 대한 감정:

한 주 동안 일어난 일 중 가장 신경 쓰였던 일을 이용하여 '달리 설명하기' 를 해 봅시다.

예를 들어, 학교에서 아이들이 모여 수군거리는 소리가 내 험담을 하는 것처럼 느껴진다면, 도전해야 할 생각은 '아이들이 수군거리는 소리가 내 험담을 하는 것 같다.' 이고, 이런 생각을 하였을 때 감정은 '불안하다(또는 기분이 나쁘다 등)' 일 것이며, 믿음 점수를 매긴 후 실제로 아이들이 내 험담을 하고 있다는 증거와 그렇지 않은 증거를 찾아서 써 봅니다.

도전해야 할 생각:
생각에 대한 감정:
믿음 점수:

지지하는 증거	반대되는 증거

믿음 점수(재평가):
다른 설명:

생각에 대한 감정:

5 회기

안전 행동 – 정말 안전할까

1. 지난 시간에 대한 요약
2. 숙제 검토
3. 안전 행동
4. 나만의 안전 행동 찾기
5. 안전 행동 실험하기

1. 지난 시간에 대한 요약

지난 시간에는 여러분이 겪고 있는 경험과 문제에 대해서 여러분이 가질 수 있는 여러 가지 생각들에 대해 알아보았습니다. 똑같은 경험을 하더라도 어떻게 생각하느냐에 따라 그에 따른 감정은 다양할 수 있다는 것을 알게 되셨을 것입니다. 그것이 바로 '생각' 의 힘입니다. 따라서 나의 경험을 설명할 수 있는 여러 가지 이유에 대한 증거들을 '생각의 탐정놀이' 를 통해 알아보았고, 그렇게 찾아낸 증거들을 바탕으로 '달리 설명하기' 를 해보았습니다. 앞으로도 여러분을 힘들게 하는 경험이나 문제들에 대해서 '생각의 탐정놀이' 를 통해 증거들을 찾아 나가다 보면 한 가지 생각에 몰두해서 생기는 불안이나 두려움들을 많이 줄일 수 있을 것입니다.

2. 숙제 검토

지난 시간의 숙제는 '달리 설명하기' 였습니다.

한 주 동안 나를 가장 신경 쓰게 했던 일과 믿음 점수가 두 번째로 높았던 생각에 대해 '생각의 탐정놀이' 방법으로 여러 가지 증거들을 찾아내 대안을 설명해 보셨을 것입니다. 함께 숙제를 살펴보면서 내가 찾아낸 증거들을 바탕으로 대안을 설명해 봅시다.

지난 시간의 과제였던 '달리 설명하기'에 대한 검토를 한다. 지지하는 증거 혹은 반대하는 증거가 부족하거나 적절한 대안설명을 찾지 못했을 경우에는 치료자 및 다른 환자들과 함께 토론을 통해 보충할 수 있다.

3. 안전 행동

안전 행동이란 공포나 불안을 유발하는 상황에서 자신에게 느껴지는 불안을 줄이고, 두려운 결과가 일어나는 것을 막기 위해 하는 행동들을 말합니다. 예를 들면, 내가 말을 하면 사람들이 나를 이상하게 볼까 두려워 빨리 말을 해 버리고 끝마치거나, 혹은 아예 말을 하지 않는다거나, 친구들이 나를 쳐다보는 것 같아 불안하여 아예 집 밖으로 나가지 않는 등의 행동들이 있습니다.

그렇다면 안전 행동이 왜 일상 생활에서 문제가 될까요?

그 이유는 첫째, 두려운 결과가 일어나지 않으면 그 일이 일어나지 않게 된 것은 안전 행동을 했기 때문이라 생각하게 되고, 따라서 두려운 결과에 대한 믿음을 계속 유지시키게 됩니다.

예를 들어, 다른 사람들이 나를 보고 수군댈까 불안해서 땅만 쳐다보고 걸었다면 일단 그 당시에는 덜 불안할 수 있고 '땅을 쳐다보고 걸어서 덜 불안했나 보다.' 하고 생각하게 됩니다. 하지만 다른 사람들이 나를 보고 수군댈까 하는 두려움에 대한 믿음은 없어지지 않고 마음속에 계속됩니다.

둘째, 다른 사람으로부터 오히려 부정적인 반응을 유발할 수 있습니다.

만약 위의 경우처럼 항상 땅만 보고 걷는다면 다른 사람들이 정말로 이상하게 생각하여 '왜 저 사람은 땅만 보고 다닐까?' 하고 정말로 수군대거나 직접적으로 '너는 왜 땅만 보고 걷니?' 라는 이야기를 듣게 될 수도 있습니다.

셋째, 다른 사람들의 실제적인 반응을 관찰할 수 있는 기회를 감소시킵니다.

땅만 쳐다보고 걸어가면 사람들이 정말 나에 대해 수군대고 있는지 확인할 방법이 없습니다. 따라서 다른 사람들의 실제 반응을 알기 어렵고 계속

해서 마음속에서는 나만의 생각을 하고 믿음이 굳어지게 됩니다.

넷째, 자신의 행동 반응을 관찰하고 조절하는 것으로 인해 추가적인 부담이 생겨 다른 일을 수행하는 데 지장을 줄 수 있습니다.

다른 사람들이 나에 대해 수군댈까 두려워 땅만 쳐다보고 걷는 데에만 신경 쓰다 보면 오히려 내가 들러야 할 곳을 그냥 지나친다든지 반가운 친구를 만나도 인사조차 나눌 기회가 없어질 수도 있습니다.

환자들이 안전 행동에 대한 개념을 한 번에 이해하기 어려울 수 있어 안전 행동에 대한 개념을 설명하고 그들 자신이 어떻게 믿음을 유지해 나가는지 알려 주기 위해 여러 가지 비유적인 이야기가 사용되어 왔다. 다음과 같은 이야기를 통해 논리적으로 대답해 보면서 자신의 안전 행동에 대해 도전해 볼 용기를 가질 수 있게 하고, 치료 밖에서의 도전에 대한 자신감을 심어 줄 수 있다.

치료자는 다음과 같은 예시를 들 수 있다.

이와 같이 안전 행동은 우리의 잘못된 생각을 굳어지게 만들고 다른 일상 생활에도 방해가 되기 때문에 안전 행동을 철저하게 찾아서 없애도록 하는 것이 중요합니다.

자, 우리 인지치료의 가장 큰 틀이 되는 '문제의 집짓기' 를 다시 펼쳐 봅시다.

즉, 오늘 살펴볼 '안전 행동' 을 두리의 문제의 집짓기로 살펴보면 다음의 부분을 생각해 보는 것입니다.

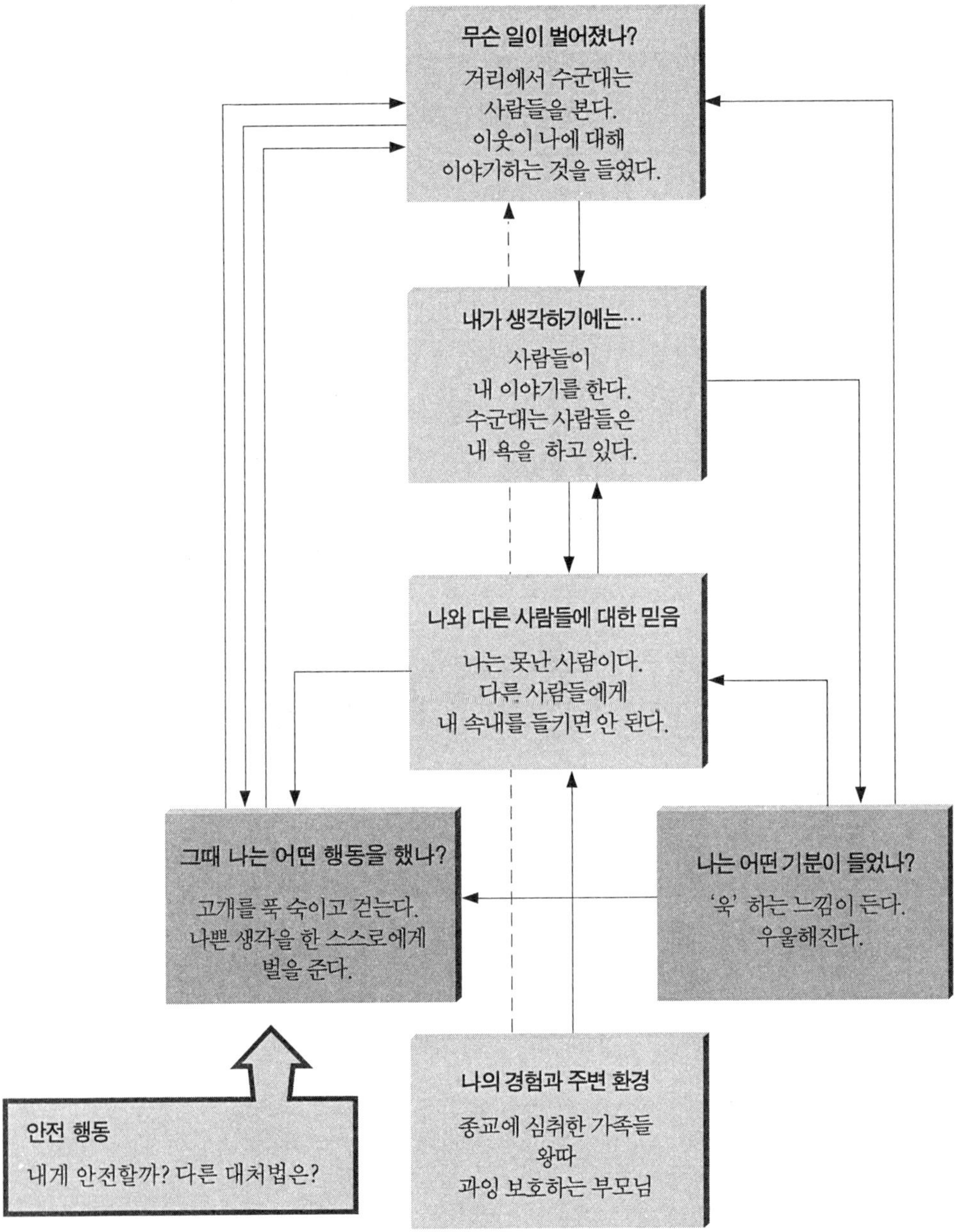
무슨 일이 벌어졌나?
거리에서 수군대는 사람들을 본다. 이웃이 나에 대해 이야기하는 것을 들었다.
내가 생각하기에는…
사람들이 내 이야기를 한다. 수군대는 사람들은 내 욕을 하고 있다.
나와 다른 사람들에 대한 믿음
나는 못난 사람이다. 다른 사람들에게 내 속내를 들키면 안 된다.
그때 나는 어떤 행동을 했나?
고개를 푹 숙이고 걷는다. 나쁜 생각을 한 스스로에게 벌을 준다.
나는 어떤 기분이 들었나?
'욱' 하는 느낌이 든다. 우울해진다.
안전 행동
내게 안전할까? 다른 대처법은?
나의 경험과 주변 환경
종교에 심취한 가족들
왕따
과잉 보호하는 부모님

아직은 안전 행동이 무엇인지 이해가 되는 것 같기도 하고 잘 되지 않는 부분도 있으실 것입니다. 안전 행동이 무엇인지 보다 쉽게 이해하기 위해 다음의 이야기를 읽고 함께 생각해 봅시다.

어떤 마을에 사는 모든 사람들은 '드라큘라'가 있다고 굳게 믿고 있었습니다. 너무나 두려운 나머지 마을의 모든 사람들은 목에 마늘로 만들어진 목걸이를 두르고 다녔습니다. 그러나 마을의 모든 사람들, 그리고 그 이전의 어른들의 기억에는 그동안 드라큘라를 만나거나 드라큘라에게 공격을 당한 사람은 한 명도 없었습니다. 이렇게 아무도 드라큘라를 본 적이 없지만, '마늘 목걸이'가 유용할 것이라고 굳게 믿는 마을 사람들은 드라큘라가 마을에 침입하는 것을 막기 위해 마늘 목걸이를 한시도 몸에서 뗄 수가 없었습니다.

생각해 볼 것들

(1) 왜 마을 사람들은 드라큘라에 대해 믿고 있을까요?

(2) 마늘 목걸이에 대한 믿음은 어떻게 생겨난 것일까요?

(3) 그들의 모습이 문제가 있어 보이나요? 만약 마늘이 바닥나면 어떻게 행동할 것 같나요?

(4) 드라큘라가 진짜로 있는지 마을 사람들이 어떻게 하면 알 수 있을까요?

(5) 여러분과 마늘 목걸이를 사용하는 마을 사람들과 혹시 비슷한 점이 있나요?

(6) 여러분이라면 이러한 상황에서 어떻게 행동할 것 같나요?

하나 학생과 치료자가 함께 작성한 정답 예시

(1) 왜 마을 사람들은 드라큘라에 대해 믿고 있을까요?

▶ 마늘 목걸이를 늘 하고 다니다 보니까 드라큘라에 대해 더 많이 생각하게 되어 믿음이 강해진 것 같다.

(2) 마늘 목걸이에 대한 믿음은 어떻게 생겨난 것일까요?

▶ 드라큘라가 있다고 생각하고, 마늘 목걸이를 벗은 적이 없기 때문에

(3) 그들의 모습이 문제가 있어 보이나요? 만약 마늘이 바닥나면 어떻게 행동할 것 같나요?

▶ 다른 마을 사람이 봤을 때 마늘을 달고 다니는 모습이 우스꽝스러워 보일 것이다.
마늘이 바닥나면 마을 사람들은 공포에 휘말릴 것이고, 드라큘라가 나타나기도 전에 큰 혼란에 빠질 것이다.

(4) 드라큘라가 진짜로 있는지 마을 사람들이 어떻게 하면 알 수 있을까요?

▶ 마늘 목걸이를 벗고 정말 드라큘라가 나타나는지 확인해 본다.

(5) 여러분과 마늘 목걸이를 사용하는 마을 사람들과 혹시 비슷한 점이 있나요?

▶ 나는 사람들이 나를 이상하게 쳐다보는 것 같아서 평소에 모자를 푹 눌러쓰고 고개를 숙이고 다녔다. 모자 때문에 정말 사람들이 나를 이상하게 쳐다보는지 확인할 수 없었다. 모자를 눌러쓰고 땅만 보고 걷는 것 때문에 내가 이상해 보일 수도 있었을 것 같다.

(6) 여러분이라면 이러한 상황에서 어떻게 행동할 것 같나요?

▶ 마을 사람들끼리 모여 다른 대비책을 준비한 후(은십자가나 신부님) 마늘 목걸이를 벗어 놓고 정말 드라큘라가 나타나는지 확인해 본다.

4. 나만의 안전 행동 찾기

안전 행동을 알아보기 위한 가장 좋은 방법은 실제로 두려움이나 불안이 느껴지는 상황을 유발하여 환자가 어떻게 행동하는지 관찰하는 것이다. 하지만 고위험군 환자의 경우에는 이와 같은 상황을 매우 불편해하므로 실제로 그대로 적용하기는 어렵다. 따라서 그들이 편안하게 자신의 이야기를 할 수 있을 정도로 불안이나 두려움이 조금 덜 유발되는 상황을 만들어주는 것이 치료 관계의 유지나 동기 강화에 도움이 된다.

앞의 마을 사람들의 경우처럼 안전 행동(마늘 목걸이를 걸고 다니는 행동)을 하면 당장에는 안심이 되고 안전하다고 느낄 수 있지만, 길게 보면 그 바탕에서 여러분을 힘들게 하는 믿음(드라큘라에 대한 믿음)은 전혀 변하지 않고 계속 남아 있게 됩니다.

이제부터는 이 마을 사람들의 경우와 비슷하게 여러분에게도 여러분만의 안전 행동이 있는지 찾아보도록 하겠습니다.

사람들이 주로 보이는 대표적인 안전 행동에는 다음과 같은 것들이 있습니다.

(1) 선택적 주의 집중

"눈을 감으세요. 그리고 지금부터 주변에서 어떤 소리가 들리는지 집중해 보십시오."

환풍기 소리, 밖에서 사람들이 이야기하는 소리, 가전제품 소리 등 별로 신경 쓰이지 않았던 소리들이 주의를 기울이면 계속 거슬리게 될 수 있습니다.

다시 말해서, 특별히 눈여겨보지 않으면 모르고 지나칠 일도 마음에 담고 보면 예상했던 것보다 크게 어겨질 수 있습니다. 이러한 현상을 '선택적 주의 집중'이라고 합니다. 선택적 주의 집중(selective attention)이란 어떤 특정한 현상, 상황에 신경을 쓰게 되면 그 현상에 많은 주의를 기울이게 되고, 결과적으로 그 현상에 대해서만 주의를 집중하게 되며, 나머지 일상적인 일들에는 주의를 기울이지 못하게 되는 것을 말합니다.

다음의 윤호의 예를 살펴봅시다.

친구들이 나를 우습게 생각한다고 여기는 윤호라는 친구가 있었습니다. 그래서 윤호는 친구들이 자신을 보고 웃지 않는지 학교에서나 학원에서 늘 신경을 쓰면서 관찰했습니다. 신경을 써서 관찰을 해 보니 친구들이 웃는 횟수가 더 많이 눈에 띄었습니다. 윤호는 '내가 잘 몰랐지만 역시 주변 친구들이 웃고 있을 때가 많구나. 더 조심해서 날 보고 웃지 않는지 잘 살펴야겠다.'고 생각했습니다. 윤호는 다음날부터 친구들이 웃는지 살펴보느라 수업에 집중할 수 없었고, 선생님께 혼나는 일이 많아지고, 성적도 떨어져 더욱 침울해졌습니다.

윤호가 한 '신경을 쓰면서 관찰하는 것'과 같은 행동을 '선택적 주의 집중'이라고 합니다. '더 조심해서 살펴봐야겠다.'고 생각한 것은 선택적 주의 집중을 '안전 행동'으로 사용한 것입니다.

윤호는 이 '조심해서 살펴보기'를 안전을 위한 행동이라고 생각했지만, 결과적으로는 이 행동 때문에 선생님에게 혼나고 성적도 떨어져 더 힘들어졌습니다. 게다가 윤호는 친구들이 웃는 것에만 주의를 집중하느라 사실 친구들이 평범하게 지낼 때도 많다는 것, 특히 꼭 나를 보고 웃는 것은 아니라는 점은 무시하게 되었습니다. 그래서 '친구들이 나를 보고 웃는다.'

는 잘못된 생각이 점차 강해지게 되었습니다('이것 봐~! 날 보고 웃는 아이들이 이렇게 많잖아.').

(2) 회피 행동

친구들이 나를 우습게 생각한다고 여기는 혜미라는 친구가 있었습니다. 그래서 혜미는 친구들이 자신을 보고 웃을까 두려워 늘 모자를 눌러쓰고 고개를 숙이고 다녔습니다. 혜미는 그래도 안심이 되지 않아 학교가 끝나면 바로 집에 오고, 친구를 만나지도 않고, 친구들이 잘 다니는 곳을 최대한 피해 다녔습니다. 점차 친구가 없어지고 혼자 지내는 시간이 늘자, 기분도 우울해지기 시작했습니다.

혜미의 '모자를 눌러쓰고 고개를 숙이고 다니는 것' '친구를 만나지 않고 친구들이 다니는 곳을 피해다니는 것'과 같은 행동을 '회피 행동(avoidance)'이라고 합니다.

혜미는 '아이들이 나를 보고 웃지 않게 하려고' 회피 행동을 하였습니다. 즉, '안전을 위한 행동(안전 행동)'으로 이 회피 행동을 한 것입니다. 그러나 혜미 또한 이 회피 행동으로 인해 안전해지기보다는 친구가 없어지고 우울해지게 되었습니다. 특히 중요한 것은, 혜미가 친구들을 만나는 일을 아예 피해버렸기 때문에 '친구들이 나를 보고 웃을 것이다.'란 생각이 진실인지 확인할 기회조차 사라져 자신의 생각 속에서만 살게 되었습니다. 그래서 '친구들이 나를 보고 웃는다.'는 잘못된 생각이 점차 강해지게 되었습니다('내일이라도 친구들을 만나면 또 나를 보고 웃을 것만 같아.').

여러분에게도 비슷한 경험이 있다면 함께 이야기해 봅시다.

선택적 주의 집중

회피 행동

다음은 안전 행동의 예입니다.

나의 경험	나의 판단	나의 안전 행동
길거리를 걸으면서 사람들이 웃는 모습을 본다.	길거리의 사람들이 나에 대해 이야기하고 있다.	고개를 숙이고 일부러 빨리 걷는다.
의자에 앉아 있는 남자 모습의 환시가 보인다.	내가 미쳐 가고 있다.	의자를 쳐다보지 않고 가능한 한 방에서 빨리 나간다.
상점 점원이 나를 보고 있다.	점원들이 내가 이상하다고 생각한다.	거의 말을 하지 않는다(내가 말을 한다면 점원들이 내가 이상하다는 것을 눈치챌 것이다.).
옷장 위에 시체의 환시가 보인다.	나는 미쳤다/통제를 잃었다.	이불 밑으로 머리를 숨긴다.

다음은 '안전 행동' 을 찾는 데 도움을 되는 질문들입니다. 나의 경우는 어떠한지 각 질문에 대답하면서 생각해 봅시다.

(1) 내가 두려워하는 일이 일어나고 있다고 생각했을 때, 그것을 막기 위해 어떤 일을 합니까?

(2) 나의 증상을 감추고 문제를 숨기기 위해서 어떤 일을 합니까?

(3) 불안이 느껴질 때 내가 생각하기에 일어날 수 있는 최악의 일은 어떤 일입니까? 그런 일이 일어나는 것을 막기 위해 어떤 일을 합니까?

(4) 만약 내가 안전 행동을 하지 않았다면 내가 두려워하는 일이 얼마나 많이 일어났을 것 같습니까?

나만의 안전 행동

나의 경험	나의 판단	나의 안전 행동

5. 안전 행동 실험하기

여러분을 힘들게 하는 여러 가지 생각들을 극복하기 위해서는 안전 행동을 하는 대신 실제로 일어나는 일에 주의를 집중하면서 어떤 일이 일어나는지 확인해 보는 것이 꼭 필요합니다. 이렇게 확인하기 위해서 하는 일련의 과정들을 '안전 행동 실험'이라고 하겠습니다.

위에서 알아본 나를 힘들게 하는 특정 상황과 관련된 부정적인 생각과 이와 관련된 안전 행동을 가지고 실험을 해서 불안이나 믿음의 정도가 얼마나 차이가 나는지 확인해 보도록 하겠습니다.

실험규칙은 이렇습니다.

- 충분한 시간 동안 그 상황에 머뭅니다.

안전 행동 실험은 불안장애에서의 불안 유발 실험과 유사한 것으로, 상황에 대한 기분이나 불안이 느껴질 정도의 시간을 갖는 것이 중요하다. 또한 머무는 행동 자체가 안전 행동을 대체하는 하나의 행동이 되기도 한다.

- 실제로 어떤 일이 일어나는지 객관적으로 살펴봅니다.

- 자신의 불안감 정도에 집중하지 말고 무슨 일이 일어나는지 지켜본다는 생각으로 임합니다.

안전 행동을 하지 않으면 불안이 감소되거나 변화가 일어나야 한다고 생각하는 환자들이 있다. 그러나 안전 행동을 하지 않고 지켜보는 것만으로도 자신의 안전 행동에 도전하는 것이고 변화의 시작이 됨을 알려 주어야 한다.

- 불안하게 보이지 않으려고 애쓰거나 아무렇지 않은 척 노력하는 행동들을 가능한 한 하지 않습니다.

- 안전 행동의 문제점을 이해하고 실험 전과 후에 부정적인 생각에 대한 믿음 점수를 비교합니다.

다음은 두리가 한 안전 행동 실험 내용입니다.

〈두리의 안전 행동 실험 예시〉

실험 일지					
확인해 보고 싶은 생각: 길거리의 사람들이 나를 쳐다본다.					
생각에 대한 확신도(0~100%)		실험 전: 95%		실험 후: 30%	
확인해 보고 싶은 생각	예상되는 문제	대응 전략	예상 결과	실제 결과	다른 설명
길거리의 사람들이 나를 쳐다본다.	사람들이 내가 문제가 있다고 생각하는 것 같다.	땅을 쳐다보지 않고 사람들을 쳐다보면서 걷는다.	길거리의 모든 사람들과 눈이 마주칠 것 같다.	사람들은 나에 대해 별로 신경쓰지 않는다.	내가 땅만 보고 걸어다녀서 사람들이 나를 더 쳐다봤던 것 같다.

환자가 실험 대상으로 삼을 안전 행동을 정할 때는 다음과 같은 사항을 염두에 둔다.

- **불안의 강도:** 안전 행동을 하지 않았을 때 중간 정도의 불안을 일으키는 실험이다. 안전 행동을 하지 않아도 아무런 불안이 일어나지 않는 실험은 환자에게 충분한 성공 경험을 제공하기 힘들며, 극심한 불안을 일으키는 실험은 아예 행동화가 되지 않을 가능성이 높다. 치료자는 환자와 논의를 통해 어느 정도 수준의 불안을 일으키지만 극심하지는 않아서 환자가 도전해 볼 수 있는 수준의 실험을 구성하는 것이 좋다. 예를 들어, 방에서 옷을 갈아입을 때 감시 카메라가 있는 것 같아 불을 끄고 갈아 입어야 하는 환자의 경우, '불을 켜고 옷을 갈아입는다.'를 실험 계획으로 삼았으나 불안이 극심하여 시도하지 못하였다.

- **실험가능성:** 어떤 실험은 실행가능성이 적은 경우가 있다. 실험을 일상에서 쉽게 시도할 수 있는 것이 좋다. 예를 들어, 환자가 "내가 말을 할 때 학원 친구들 분위기가 썰렁해지는데 실제 그런지 확인하고 싶다."고 하였다. 언뜻 보면 일상에서 쉽게 시도할 수 있는 실험으로 보이지만, 환자는 현재 증상으로 인해 학원을 그만둔 상태였으며, '언젠가 돌아가면 해 보겠다.'고 하였다. 치료자는 환자가 계획을 세우면 언제 시도할 것인지(되도록 다음 회기 내로 가능한 것) 구체적으로 상의해 보는 것이 좋다.

나의 안전 행동 실험 일지를 작성해 봅시다.

<table>
<tr><th colspan="6">실험 일지</th></tr>
<tr><td colspan="6">확인해 보고 싶은 생각:</td></tr>
<tr><td colspan="2">생각에 대한 확신도(0~100%)</td><td colspan="2">실험 전:</td><td colspan="2">실험 후:</td></tr>
<tr><td>확인해 보고 싶은 생각</td><td>예상되는 문제</td><td>대처 전략</td><td>예상 결과</td><td>실제 결과</td><td>다른 설명</td></tr>
<tr><td></td><td></td><td></td><td></td><td></td><td></td></tr>
</table>

숙제

실험 일지

확인해 봐야 할 생각:

생각에 대한 확신도(0~100%)		실험 전:		실험 후:	
확인해 봐야 할 생각	예상되는 문제	대처 전략	예상 결과	실제 결과	다른 설명

6 회기

생각에 대한 생각 – 초인지

1. 지난 시간에 대한 요약
2. 숙제 검토
3. 초인지
4. 나의 초인지 변화시키기

1. 지난 시간에 대한 요약

지난 시간에는 '안전 행동' 에 대해 배웠습니다. 자신의 경험과 그로 인한 고통을 줄이기 위해 하는 행동들이 안전 행동이며, '선택적 주의 집중' 이나 '회피 행동' 과 같이 안전 행동이 잘못된 방향으로 흐르면 경험에 대한 잘못된 해석을 강화시키고 여러분을 더 고통스럽게 한다는 것을 배웠습니다.

2. 숙제 검토

지난 시간의 숙제는 '안전 행동 실험하기' 였습니다.

한 주 동안 밖으로 나가 나의 행동에 도전하고 관찰자가 되어 어떤 일이 일어나는지 살펴보셨나요? 안전 행동은 행동이기 때문에 실험도 반드시 행동으로 해야 합니다. 실제 행동을 통해 확인한 것이 아니라면 오늘이라도 확인해 보도록 합시다.

3. 초인지

◈ 정신증 고위험군(Ultra-high risk)에서 초인지(Meta-cognitive belief)의 중요성

Wells와 Matthew는 1994년에 자가-조절 집행기능 모델(Self-regulatory executive function model: S-REF)을 제안하면서 초인지의 중요성을 강조하였다.

이 모델에 의하면, 편향된 정보처리(biased information processing), 인지적 침습(cognitive intrusion)과 같은 인지-주의 집중 경험(cognitiveattentional experience)은 환자의 믿음에 의거한 집행 과정(executive process)에 의해 일어난다. 어떤 믿음들은 본질적으로 초인지적인 성질을 가지고 있고 해석, 특정 생각을 선택하거나 기각하는 과정과 연결되어 있다. 즉, 환자가 어떤 경험에 대한 특정한 생각(해석)을 가지게 되는 데는 환자의 초인지(생각에 대한 믿음)가 작용한다는 것이다. 환자가 대안설명을 하고 안전 행동을 바꾸더라도 환자로 하여금 특정 생각(해석)을 채택하게 만드는 초인지가 변하지 않는다면 재발의 위험성이 높다. 그러므로 인지치료 과정에서 환자의 초인지를 찾아내고 그로 인한 환자의 고통, 교정 필요성을 검토하는 것은 매우 중요하다.

초인지란 인지를 초월한 인지, 생각 위에 있는 생각이라는 뜻입니다.
즉, '내 생각에 대한 생각' 을 말하는 것입니다.
좀 더 구체적인 예를 들자면, 초인지는 다음과 같은 생각들을 말합니다.

• 생각의 과정, 생각 능력에 대한 믿음

예 나는 기억력이 나쁘다.
나는 집중력이 쉽게 흐트러진다.
▶ '기억력' 이나 '집중력' 같은 생각의 '과정' , 생각하는 '능력' 에 대한 믿음입니다.

• 어떤 생각의 장단점에 대한 믿음

예 걱정을 많이 하면 정신이 이상해질 것이다.
걱정을 미리 해야 미래에 일어날 나쁜 일을 막을 수 있다.
▶ '걱정' 에 대한 장단점과 관련된 믿음입니다.

• 생각의 내용에 대한 믿음

예 죽음에 대한 생각은 나쁜 것이다.
자기 잘못에 대해 늘 생각해야 바른 사람으로 살 수 있다.

▶ '죽음' 이라는 생각의 내용 자체가 나쁜 것이라는 믿음입니다. '잘못' 이라는 생각의 내용이 바른 사람이 되게 한다는 믿음입니다.

'초인지'가 왜 중요할까요?

우리는 앞에서 '인지치료는 **생각** 이다.' 라는 것을 배웠습니다.

여자에게 데이트 신청을 했다가 거절당한 두 남자. 한 남자는 '나를 싫어한다.' 고 생각하고 다른 한 남자는 '정말 바쁜 일이 있나 보군.' 이라고 생각했던 이야기를 기억하시나요? 같은 경험도 '어떻게' 생각하느냐에 따라 내가 받은 스트레스와 느끼는 감정이 달라집니다. 그런데 왜 같은 경험에 대해 사람들은 다른 생각을 가지게 되는 것일까요?

1994년 Wells 박사와 Matthew 박사는 그 이유를 사람마다의 '믿음' 에서 찾았습니다. 각자 마음속 깊은 곳에 기본적으로 가지고 있는 믿음, 초인지에 의해 같은 상황을 다르게 생각하게 된다는 것입니다.

여기서 믿음(초인지)은 마치 색안경과 같은 것입니다. 내가 빨간색 안경(초인지)을 가지고 있으면 세상이 빨갛게 보일 것이고, 노란색 안경(초인지)을 가지고 있으면 노랗게 보일 것이고, 파란색 안경(초인지)을 가지고 있으면 파랗게 보일 것입니다. 위의 예에서 한 남자는 '거절이란 것은 싫어한다는 것이다.' 란 색안경을 끼고 생각을 한 것이고, 다른 한 남자는 '거절이란 것은 곤란하다는 것이다.' 란 색안경을 끼고 생각을 한 것입니다.

'문제의 집짓기' 에서 초인지는 무슨 일이 일어났을 때 나로 하여금 어떻게 생각하게 만드는 믿음일 수 있습니다.

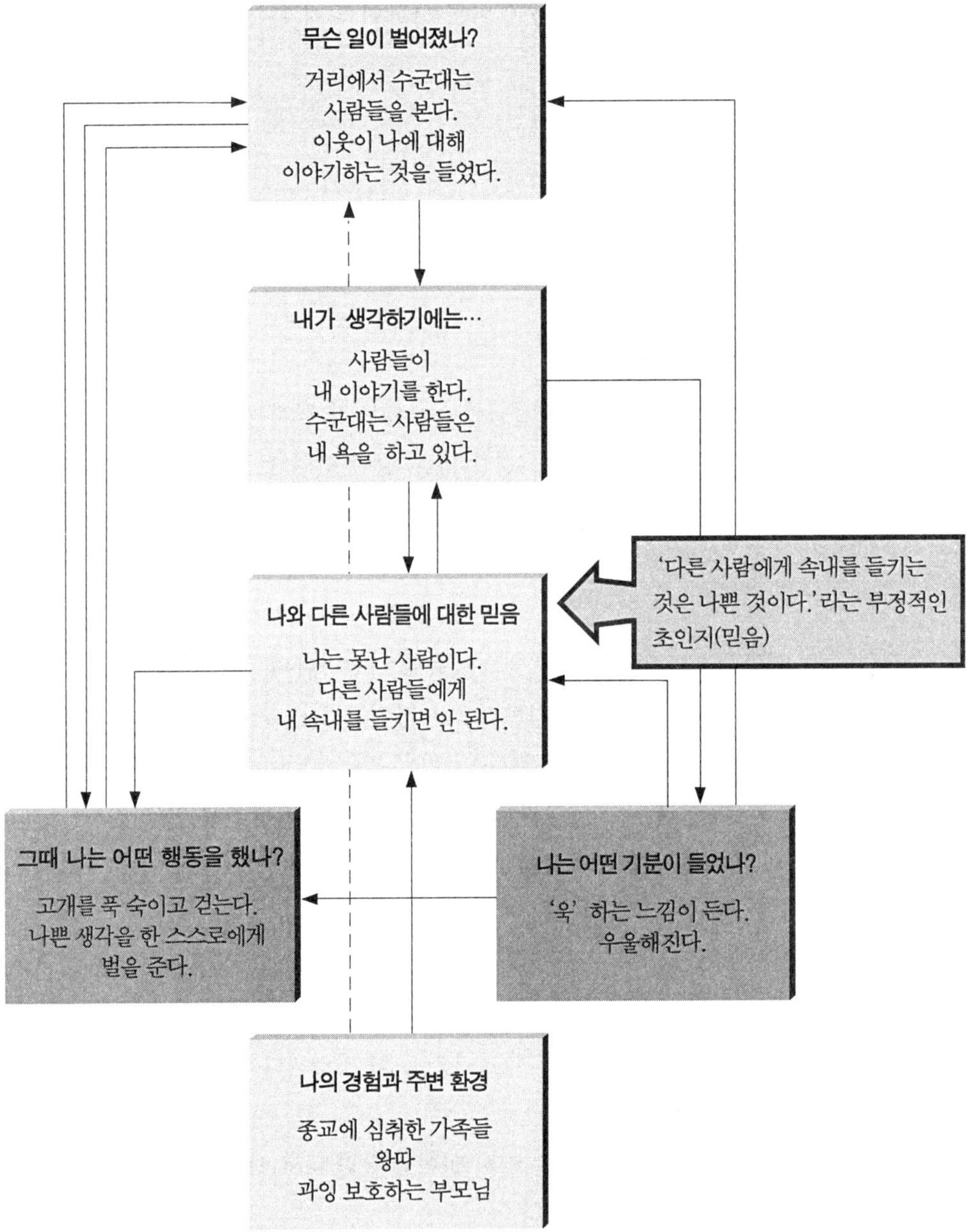
무슨 일이 벌어졌나?
거리에서 수군대는 사람들을 본다. 이웃이 나에 대해 이야기하는 것을 들었다.
내가 생각하기에는…
사람들이 내 이야기를 한다. 수군대는 사람들은 내 욕을 하고 있다.
나와 다른 사람들에 대한 믿음
나는 못난 사람이다. 다른 사람들에게 내 속내를 들키면 안 된다.
'다른 사람에게 속내를 들키는 것은 나쁜 것이다.'라는 부정적인 초인지(믿음)
그때 나는 어떤 행동을 했나?
고개를 푹 숙이고 걷는다. 나쁜 생각을 한 스스로에게 벌을 준다.
나는 어떤 기분이 들었나?
'욱' 하는 느낌이 든다. 우울해진다.
나의 경험과 주변 환경
종교에 심취한 가족들
왕따
과잉 보호하는 부모님

이제부터 가장 대표적인 초인지에 대해서 다른 청년들의 예를 통해 알아봅시다.

(1) 긍정의 색안경(긍정적 믿음)

정신병적 장애의 발생단계(초기)에서는 자신의 증상에 대해 긍정적인 믿음을 가지는 경우가 흔히 있다고 알려져 있다. 이상 경험(perceptual disturbance)을 겪은 사람이 이상 경험에 대한 긍정적인 믿음을 가지고 있다면 그 사람이 향후 환청, 환시와 같은 분명한 정신병적 증상을 보일 수 있는 가능성을 시사하는 가장 중요한 예측인자라는 주장도 있다. 이러한 점은 우리의 위기의 상태에 있는 청년군에서 특히 관심을 가지고 살펴볼 필요가 있다.

긍정의 색안경(긍정적 믿음)이란 '어떤 생각은 좋은 것이다. 나에게 이롭다. 도움이 된다.' 라는 믿음입니다.

자신의 증상에 대한 '긍정적 믿음' 은 증상 자체를 더 많이 발생시킬 수 있습니다. 아래의 예를 함께 봅시다.

예 1 윤호는 다른 사람들의 의도를 늘 의심하는 편입니다. 윤호는 자신이 눈을 부릅뜨고 주의하지 않았다면 남에게 당했을 것이라고 예상되는 경우들을 떠올리면서, 의심은 자신을 지키는 좋은 수단이라고 하였습니다. 윤호는 범죄율이 높은 지역에 살고 있기 때문에 이러한 생각이 맞는 것일 수도 있습니다. 또 윤호가 용돈을 벌기 위해 몰래 불법복제 시디를 팔고 있기 때문에 경찰의 단속에 걸리지 않기 위해서는 의심하는 자세가 도움이 된다고 합니다. 하지만 윤호는 이러한 의심을 하면 할수록 다른 사람을 의심하는 마음이 점점 커져, 요즘은 밖에 나가서 눈이 마주치는 사람들이 혹시 나를 감시하는 게 아닌지 의심스러워서 집 밖으로 나가기가 힘들다고 합니다. 또 최근 친하게 지내던 친구에게 의심하는 말을 했다가 친구와 멀어지게 되었습니다. 그래서 윤호는 치료자와 함께 '규칙 목록'을 만들었습니다. 윤호는 의심해야 될 상황과 의심하지 않고 편안히 있어도 좋은 상황으로 나누어 규칙 목록을 만들었습니다. 이 규칙에 따라 의심으로 얻을 수 있는 장점은 살리면서 의심 때문에 겪는 스트레스는 줄일 수 있었습니다.

▶ '의심은 나를 지키는 좋은 수단' 이라는 긍정의 색안경(긍정적 믿음)을 가지고 있었음
- 이 믿음으로 인해 의심이 너무 많아 밖에 편하게 나갈 수 없는 어려움이 있었음
- '규칙 목록'을 통해 필요 이상의 의심은 하지 않도록 함

예 2 유미는 가끔 환청이 들리는데, 이 환청을 즐긴다고 합니다. 그녀는 환청의 내용이 다양하고 주로 자려고 누웠을 때 잘 들린다고 하였습니다. 유미는 무슨 소리가 들렸을 때 이것이 수호천사이거나 텔레파시를 쓰는 다른 사람의 소리일 것이라고 생각했습니다. 유미는 이 소리가 자신이 궁금한 것을 속으로 물으면 적절한 한 단어의 답을 해 주기 때문에 좋고, 늘 함께 있는 친구 같아서 좋다고 하였습니다. 하지만 이로 인해 현실의 인간 관계를 맺지 않고 혼자 환청에만 집중하는 문제가 생겼습니다. 그래서 치료자는, 유미가 자신의 진짜 고민을 의논할 수 있는 다른 친밀한 사람이 필요하다고 생각하여 몇몇 문제는 언니와 의논하도록 하고, 저녁 때 정기적으로 열리는 문화교실에서 다른 사람들을 사귀어 보도록 권고했습니다.

▶ '환청은 친구 같은 것' 이라는 긍정의 색안경(긍정적 믿음)을 가지고 있음
- 이 믿음으로 인해 현실의 사람을 사귀지 않고 환청에만 집중하고 있음

– 현실 세계의 인간관계를 맺도록 도움

내가 나의 경험에 대해 가지고 있는 긍정적인 믿음(초인지)을 찾아봅시다.

긍정의 색안경

(2) 부정의 색안경(부정적 믿음)

부정의 색안경(부정적 믿음)은 어떤 생각에 대한 걱정('이 생각은 위험하다.' '이 생각을 내가 조절하지 못하면 큰일이 난다.')을 말합니다.

증상에 대한 긍정적 믿음은 증상 자체의 발생률을 올릴 수 있지만 증상에 대한 부정적인 믿음, 즉 증상이 조절 불가능하고 위험하다고 여기는 믿음은 기능의 저하(사회, 직업적)와 같은 실질적인 '문제'를 일으키게 되는 요소다. 또한 부정적 믿음은 고통과 능력 저하를 일으키는 정신병적 장애를 진행시킬 수 있다. 다시 말하면, 정신병적 장애가 진행되면, 환자는 이상 경험에 대한 부정적인 해석을 하기 시작하고 그 경험이 힘이 센 악의적인 존재에 의해 일어난다고 생각한다. 위기 상태에 있는 청년에서 경험에 대한 부정적 믿음은 정신병적 장애로의 진행을 시사할 수 있다. 실제로 위기 상태의 환자군은 정상군에 비해 초인지

척도(Meta-cognitions questionnaire)에서 생각의 통제불능성, 미신에 대한 믿음, 처벌과 책임감, 자의식의 소분류에서 더 높은 부정적 믿음 점수를 나타냈다.

예 유미는 요즘 자신이 어떤 실수를 하지 않을까에 대한 걱정이 많습니다. 이런 걱정을 할 때마다 머리가 아프고 가슴이 답답해서, 이러다가는 어디가 아프거나 미쳐 버릴 것 같다는 생각이 들었습니다. 유미는 이런 걱정이 자신을 병들게 할 것 같다는 생각에 걱정을 조절하려고 해 보았지만 그러면 그럴수록 저절로 걱정이 머릿속에서 맴돌아 힘들어졌습니다. 치료자는 '분홍 코끼리 실험' 을 유미와 함께 해 보았습니다. 치료자가 "이제부터 분홍 코끼리를 절대 생각하지 마세요."라고 말하자, 유미는 희한하게도 전에는 전혀 생각도 해 본 적이 없던 분홍 코끼리가 계속 떠오르는 것을 경험했습니다. 치료자는 "사람들은 어떤 생각을 안 하려고 노력해야 그 생각을 막을 수 있다고 생각하지만, 실제로는 그 생각을 안 하려고 하면 할수록 그 생각이 떠오릅니다. 유미 씨도 걱정을 안 하려고 너무 애쓰지 말고 자연스럽게 생활하세요."라고 충고하였습니다. 이후로 유미는 '걱정을 안 해야 한다.' 는 생각 자체를 하지 않았고 점차 '걱정' 이 사라지는 것을 느낄 수 있었습니다.

▶ '걱정을 조절하지 못하면 몸이 아파질 것이다. 미쳐 버릴 것이다.' 라는 생각에 대한 '부정적 믿음(초인지)' 을 가지고 있음

- 초인지로 인해 걱정이 오히려 많아짐
- 걱정에 대한 집중을 끊음

내가 나의 경험에 대해 가지고 있는 부정적 믿음(초인지)을 찾아봅시다.

부정의 색안경

(3) 불신의 색안경(불신의 믿음)

불신의 믿음이란 나의 생각하는 방식, 생각하는 능력을 믿지 못하는 것입니다.

예를 들면, '나는 다른 사람의 이름은 잘 기억하지 못한다.' '나는 장소를 기가 막히게 다 까먹는다.' '나는 내가 어떤 일을 했다고 생각하는 것인지 진짜 한 것인지 구별하지 못할 때가 많다.' '나는 쉽게 주의가 산만해지고 집중력이 나쁘다.' 등입니다.

내가 가지고 있는 불신의 믿음(초인지)을 찾아봅시다.

불신의 색안경

(4) 미신의 색안경(미신적인 믿음)

미신의 색안경이란 어떤 생각에 대한 미신적인 믿음, 어떤 생각을 하면 벌 받을 것이라는 생각, 생각을 한 것만으로도 어떤 일이 일어난 것이 내 책임이라는 생각 등입니다.

예 민호는 자신이 꿈으로 꾼 내용이 현실로 이루어진다는 믿음을 가지고 있습니다. 그런데 꿈에 민호의 친구들이나 가족들이 큰일(예: 교통사고, 폭력 사건, 암진단)을 당하는 일이 있기 때문에 이 믿음은 매우 문제가 되었습니다. 민호가 이러한 믿음을 갖게 된 것은 얼마 전 꿈에서 본 어떤 것이 현실에서도 나타났기 때문입니다. 자신이 스스로 꿈의 내용을 조절할 수는 없기 때문에 민호는 큰 스트레스에 시달렸습니다. 마침내 민호는 나쁜 꿈을 꾸게 될까 봐 잠을 자지 않고 커피, 각성제를 먹으면서 지내게 되었습니다. 담당 치료자는 민호를 돕기 위해 '꿈일기'를 쓰도록 권하였습니다. 꿈의 내용을 적고 실제로 현실에서 얼마나 그 내용이 일어났는지를 적는 것입니다. 그 결과 꿈의 내용 중에 사소한 일이 실제로 일어나는 경우도 있긴 했지만 꿈의 내용이 현실의 큰 재앙으로 나타나는 경우는 없었습니다. 민호는 나쁜 꿈이 꼭 현실로 나타나는 것이 아니라면 나쁜 생각이나 상상에도 같은 원칙이 적용될 것이라고 생각했습니다. 그래서 민호는 실험을 해 보았습니다. 민호는 '이번 주 K-리그에서 한 골도 안 나올 것이다.' 라는 생각을 계속했지만, 실제 그런 일은 일어나지 않았고, 민호는 이러한 믿음에 덜 집착하게 되었습니다.

내가 가지고 있는 미신의 믿음(초인지)을 찾아봅시다.

미신의 색안경

나의 '초인지(믿음)' 때문에 힘든 점이 있나요?

나의 초인지를 변화시킬 필요가 있을까요?

초인지는 우리가 지금까지 배운 기술(달리 설명하기, 안전 행동 실험)을 토대로 변화시킬 수 있습니다.

4. 나의 초인지 변화시키기

(1) 초인지(믿음)에 대한 증거 찾기

맨 처음 나왔던 윤호의 경우를 예로 들어 봅시다.

초인지: 의심은 나를 지키는 좋은 수단이다.	
지지하는 증거	반대하는 증거
• 우리 동네는 도둑이 많다. • 덜렁거리는 아는 형이 아무데서나 복제 시디를 팔다가 경찰에게 걸렸다.	• 눈이 마주친 사람이 실제로 나를 잡으러 온 경우는 없다. • 의심하다가 친구가 나에게 마음이 상한 적이 있다.

(2) 대안 초인지(믿음) 찾기

윤호의 경우로 대안 초인지를 찾아보면, '의심이 도움이 될 때도 있지만, 지나친 의심은 오히려 나를 마음껏 돌아다니지 못하게 한다.' '의심이 지나치면 친구 관계를 망칠 수도 있다.' 등이 있을 것입니다.

(3) 초인지(믿음)에 대한 실험하기

<table>
<tr><th colspan="6">실험 일지</th></tr>
<tr><td colspan="6">확인해 보고 싶은 초인지(믿음): 의심은 나를 지키는 좋은 수단이다.</td></tr>
<tr><td colspan="2">초인지(믿음)에 대한 확신도(0～100%)</td><td colspan="2">실험 전: 90%</td><td colspan="2">실험 후: 40%</td></tr>
<tr><th>확인해 보고 싶은 초인지(믿음)</th><th>예상되는 문제</th><th>대처 전략</th><th>예상 결과</th><th>실제 결과</th><th>다른 설명</th></tr>
<tr><td>의심이 정말 내 안전에 도움이 될까?</td><td>의심 없이 다니다가 경찰에게 잡힌다.</td><td>복제 시디를 팔 때만 조심하고 안 그럴 때는 편안하게 다닌다.</td><td>경찰에게 한 번쯤 걸려서 도망갈 일이 생긴다.</td><td>내가 복제 시디를 팔지 않는데도 경찰이 나를 잡는 일은 없었다.</td><td>언제나 의심하는 것은 필요치 않다.</td></tr>
</table>

윤호는 위의 실험을 통해서 '규칙 목록'을 만들어 의심이 도움이 될 때와 도움이 되지 않을 때를 만들었고, 하루 종일 의심하며 행동의 제약을 받거나 친구들과 오해가 생기는 일을 줄일 수 있었습니다.

(4) 초인지(믿음)의 장단점을 평가하기

초인지의 장점	초인지의 단점
• 내 안전을 지킬 수 있다.	• 밖에 나가기가 불편할 정도다. • 친구와 멀어진다.

나의 초인지 변화시키기

1. 나의 초인지

2. 나의 초인지에 대한 증거 찾기

지지하는 증거	반대하는 증거

3. 대안 초인지 찾기(다른 설명해 보기)

4. 초인지 실험

<table>
<tr><th colspan="6">실험 일지</th></tr>
<tr><td colspan="6">확인해 보고 싶은 초인지(믿음):</td></tr>
<tr><td colspan="2">초인지(믿음)에 대한 확신도(0～100%)</td><td colspan="2">실험 전:</td><td colspan="2">실험 후:</td></tr>
<tr><th>확인해 보고 싶은 초인지(믿음)</th><th>예상되는 문제</th><th>대처 전략</th><th>예상 결과</th><th>실제 결과</th><th>다른 설명</th></tr>
<tr><td></td><td></td><td></td><td></td><td></td><td></td></tr>
</table>

5. 초인지의 장단점 평가하기

초인지의 장점	초인지의 단점

숙제

오늘의 숙제는 '초인지 설문지 해 보기' 입니다. 설문지를 나누어 드릴 테니 한번 해 보시기 바랍니다.

＊초인지 설문지가 필요하신 분은 연세대학교 정신과학교실 부교수 안석균(ansk@yuhs.ac)에게 메일 주십시오.

7 회기

나의 핵심 신념 – 생각의 뿌리 찾기

1. 지난 시간에 대한 요약
2. 숙제 검토
3. 핵심 신념–생각의 뿌리
4. 나의 핵심 신념 찾아내기
5. 나의 핵심 신념 변화시키기

1. 지난 시간에 대한 요약

지난 시간에는 내 생각에 대한 생각-초인지의 개념 및 그 중요성에 대해서 알아보고 여러 가지 방법을 통해서 내가 가지고 있는 초인지에 도전해 보았습니다.

생각에 대해서 반복해서 알아보고 수정해 나가는 일은 긴 여행과 같아서 그만두고 싶은 생각도 들고, 큰 변화가 없는 것 같아 답답한 생각도 들 수 있습니다. 하지만 여러 가지 관점에서 자꾸 내 생각을 들여다보고 설명해 보고 바꾸려고 노력하는 과정 중에 어느새 건강한 생각과 감정을 가지게 되는 여러분을 발견하게 될 것입니다.

2. 숙제 검토

지난 시간의 숙제는 내가 가지고 있는 초인지에 대한 설문지 작성이었습니다. 숙제로 나누어 드린 설문지는 여러분과 비슷한 위기에 처한 청년들이 가지고 있는 걱정과 침습적인 생각에 관한 초인지에 대해 알아보는 것입니다. 여러분에게 해당되지 않는 부분도 있겠지만, '나랑 비슷한 걱정과 생각이 있는 사람이 꽤 많구나'. 하는 생각도 드셨을 것 같습니다. 여러 가지 항목 중에서 몇 개나 나에게 해당되는지, 어떤 부분의 초인지가 나에게 많이 해당되는지 함께 알아봅시다.

3. 핵심 신념—생각의 뿌리

여러분은 여러 시간에 걸쳐 우리가 가지고 있는 '생각' 에 대해 다양한 관점에서 알아보았습니다. 생각을 '깊이' 라는 면에서 살펴보면, 조금만 생각해도 떠오르는 침습적 생각과 마음속 깊은 곳에 자리잡고 있어 노력을 해야 떠오르는 생각으로 나눌 수 있습니다. 이렇게 우리들 마음속 깊은 곳에 있는 생각들로서 우리 자신을 어떤 사람이라고 보는지(예: 나는 모자란 사람이다), 다른 사람들에 대한 생각은 어떠한지(예: 세상에 믿을 수 있는 사람은 없다), 또 세상에서 일어나는 일을 어떤 관점에서 바라보는지(예: 세상은 항상 나에게 태클을 건다) 등과 관련된 생각들을 '핵심 신념' 이라고 합니다. 핵심 신념은 하루 아침에 생겨난 것이라기보다는 우리가 지금까지 살아오면서 겪었던 많은 경험의 영향을 받아서 만들어집니다. 따라서 아주 깊이 생각해보기 전에는 쉽게 알아내기 어렵습니다. 그리고 우리가 일상생활 속에서 갖가지 상황에 부딪힐 때 어떤 판단을 하고 어떤 생각을 하게 되는지에도 많은 영향을 줍니다. 한마디로 이야기해서 우리의 생각 전체를 한 그루의 나무에 비유한다면 핵심 신념은 '나무의 뿌리' 에 해당한다고 할 수 있습니다.

〈생각의 나무〉

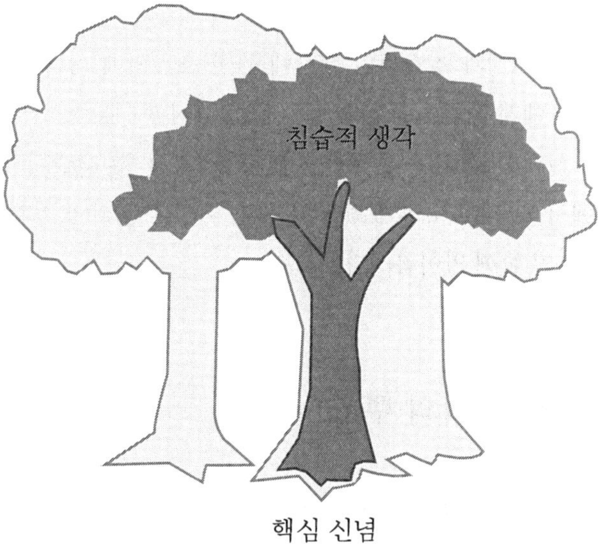

〈핵심 신념의 예〉

나는 쓸모 없는 사람이다.
나는 사랑받을 만한 가치가 없는 사람이다.
나는 죄가 많은 사람이다.
나는 아무것도 할 수 없는 사람이다.
나는 모자란 사람이다.
나는 특이한 사람이다.
나는 사이코다.

'문제의 집짓기' 에서 살펴보면 '핵심 신념' 은 '초인지' 와 함께 우리 생각의 뿌리를 이루고 있습니다.

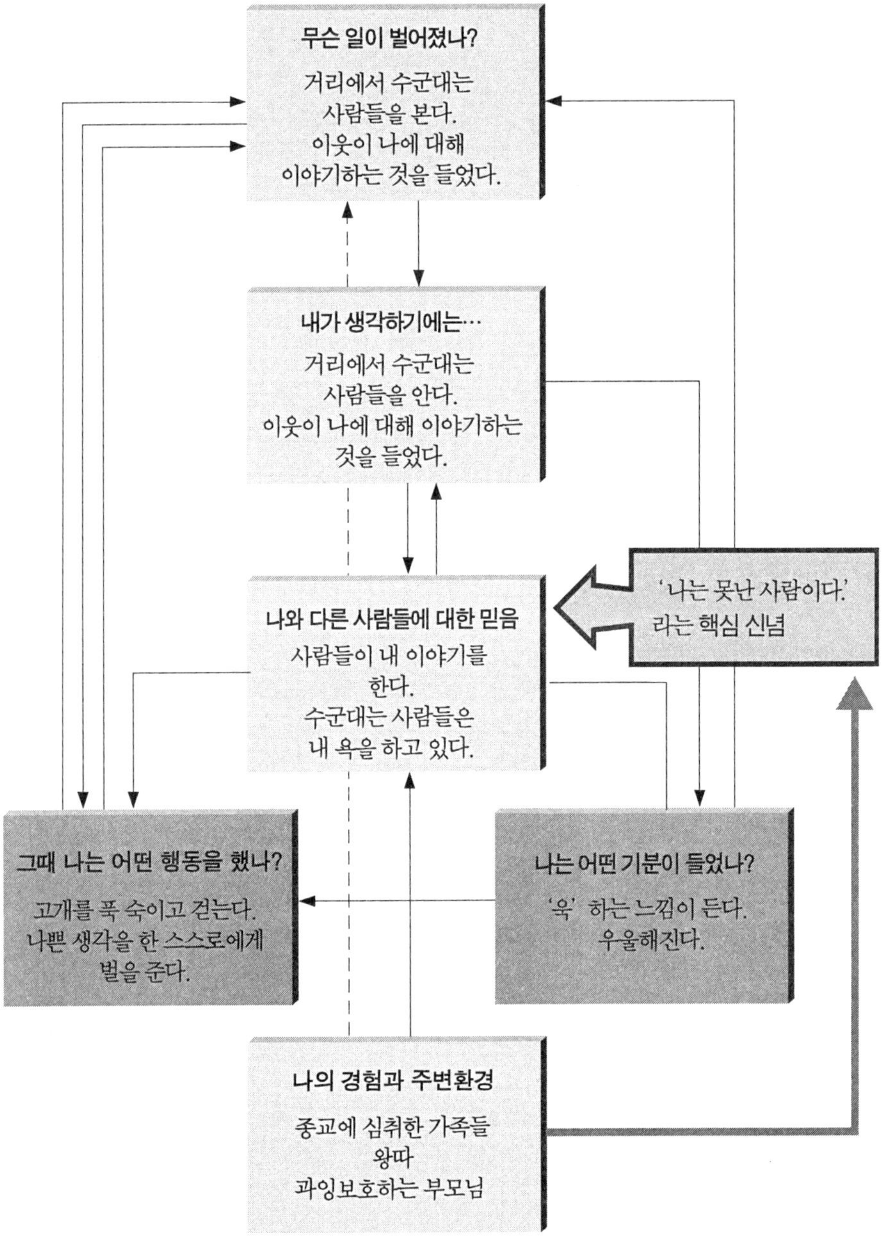
무슨 일이 벌어졌나?
거리에서 수군대는 사람들을 본다. 이웃이 나에 대해 이야기하는 것을 들었다.
내가 생각하기에는…
거리에서 수군대는 사람들을 안다. 이웃이 나에 대해 이야기하는 것을 들었다.
나와 다른 사람들에 대한 믿음
사람들이 내 이야기를 한다. 수군대는 사람들은 내 욕을 하고 있다.
'나는 못난 사람이다.' 라는 핵심 신념
그때 나는 어떤 행동을 했나?
고개를 푹 숙이고 걷는다. 나쁜 생각을 한 스스로에게 벌을 준다.
나는 어떤 기분이 들었나?
'욱' 하는 느낌이 든다. 우울해진다.
나의 경험과 주변환경
종교에 심취한 가족들
왕따
과잉보호하는 부모님

4. 나의 핵심 신념 찾아내기

이제 핵심 신념이 무엇인지 알게 되셨을 것입니다. 그렇다면 어떻게 내 마음속 깊은 곳에 있는 핵심 신념을 찾아낼까요?

이제부터 핵심 신념을 찾아내는 여러 가지 방법에 대해 알려드릴 것입니다. 처음에는 쉽지 않겠지만 다음에서 설명하는 몇 가지 방법을 참고로 하여 주의 깊게 관찰하고 생각해 본다면 얼마든지 가능합니다.

수직 화살표 기법

수직 화살표 기법(downward arrow technique)은 단계적으로 화살표 아래로 내려가면서 금방 떠오른 생각이나 지금 당장 벌어진 상황에서부터 그 속에 담긴 나의 깊은 생각에 대해 차근차근 알아보는 방법입니다.

다음의 선생님과 윤호의 대화를 보고 수직 화살표 기법에 대해 알아봅시다.

윤 호: 저는 다른 사람들과 함께 있을 때 되도록 그 사람들이 나한테 말을 걸지 않도록 말수를 줄이고 조용히 있어야겠다는 생각이 들어요.

선생님: 윤호가 이거랑 비슷한 상황에 관한 이야기를 지난 번에도 몇 번 한 적이 있는 것 같은데요. 오늘은 저랑 같이 몇 가지 질문을 통해서 그 바탕에 깔려 있는 '핵심 신념' 에 대해 알아보려고 하는데 어떠세요?

윤 호: 괜찮을 것 같은데요.

선생님: 좋습니다. 윤호는 다른 사람들과 함께 있을 때, 사람들이 나에게

말을 걸지 않게 되도록 조용히 있어야겠다고 생각한다고 했는데요. 만약 사람들이 윤호에게 말을 걸면 어떤 일이 벌어질 것 같아요? 윤호가 생각하는 가장 최악의 상황은 뭘까요?

윤 호: 음…. 사람들의 이목이 저에게 집중되고, 이전에도 말씀드린 것처럼 그런 상황 자체가 저는 정말로 끔찍해요.

선생님: 그래요. 말을 거는 것 자체보다는 사람들의 이목이 윤호에게 집중되는 일이 끔찍한 거군요. 그렇다면 사람들의 이목이 윤호에게 집중되면 윤호에게 일어날 수 있는 최악의 상황은 뭔지 얘기해 볼까요?

윤 호: 사람들이 나만 쳐다보게 되면 내가 어떤 사람인지 모두 다 알게 될 것 같아요.

선생님: 좋아요. 그러면 사람들이 윤호가 어떤 사람들이 다 알게 되면 어떻게 될 것 같은데요?

윤 호: 음…. 사람들이 내가 특이한 사람이고, 남들과 얼마나 다른지 알게 될 것 같아요.

선생님: 자, 지금까지 말한 것을 제가 좀 정리해 보겠습니다. 그러니까 윤호는 사람들이 윤호에게 말을 걸면 자신에게 이목이 집중되고, 그러면 자신이 특이하고 남들과 다르다는 것을 사람들이 알게 될 것 같다는 생각을 하는 거죠?

윤 호: 네. 맞아요.

선생님: 그래요. 사람들이 윤호가 남들과 다르다는 것을 알게 되면 어떤 일이 일어날 것 같아요?

윤 호: 특이하고 남들과 다르면 사람들이 나를 좋아하지 않잖아요.

선생님: 아, 그러니까 윤호는 남들과 다르기 때문에 사람들이 윤호를 좋아하지 않을까 걱정하는 거였군요.

윤 호: 네.

윤호와 선생님이 주고받은 대화를 살펴봅시다. 처음에 윤호가 걱정하는 것은 '사람들이 나에게 말을 걸까 두렵다.' 는 것이었습니다. 하지만 선생님과 함께 한 단계씩 밟아 가면서 윤호가 가지고 있는 마음속 깊은 생각을 알아보니 '내가 남들과 달라서 사람들이 나를 좋아하지 않을 것이다.' 라는 핵심 신념을 가지고 있었습니다.

핵심 신념을 알아보는 것은 통합적인 조직화(comprehensive formulation)에 매우 중요하다. 하지만 환자의 핵심 신념을 변화시키는 것이 꼭 필요한 것은 아니다. 많은 경우에서는 환자와 같이 조직화(formulation)하고, 그들의 신념이 어디서부터 시작되었는지 알아보는 것만으로도 충분하다. 어떤 사람들의 경우 핵심 신념이 역기능적인 해석에 영향을 주고, 향후 증상의 재발에도 영향을 줄 수 있으며, 이러한 경우에는 교정이 필요하다. 위기에 처한 청년들이 가장 흔하게 가지고 있는 핵심 신념은 '나는 남들과 다르다.' 라는 것이며 이것은 왕따, 성폭력 등의 초기 경험에서 비롯되는 경우가 많다. 그들은 이러한 경험을 하는 것이 자신이 남들과 다르기 때문이거나, 혹은 그러한 경험의 결과로 자신이 남들과 다르게 되었다고 해석하는 경우가 많다.

앞의 윤호와 선생님의 대화를 정리하면 다음과 같습니다.

사람들과 함께 있을 때, 말을 시킬까 두려워 되도록 조용히 있는다.

↓

사람들이 말을 시키면 나에게 이목이 집중된다.

↓

나에게 이목이 집중되면 사람들이 내가 특이하고 남들과 다르다는 것을 알게 된다.

↓

특이하고 남들과 다르다는 것을 알게 되면 나를 좋아하지 않을 것이다.

↓

사람들은 나를 좋아하지 않는다.

↓

나는 사랑받을 가치가 없는 사람이다.

비슷한 방법으로 내가 가지고 있는 핵심 신념을 한번 찾아봅시다.

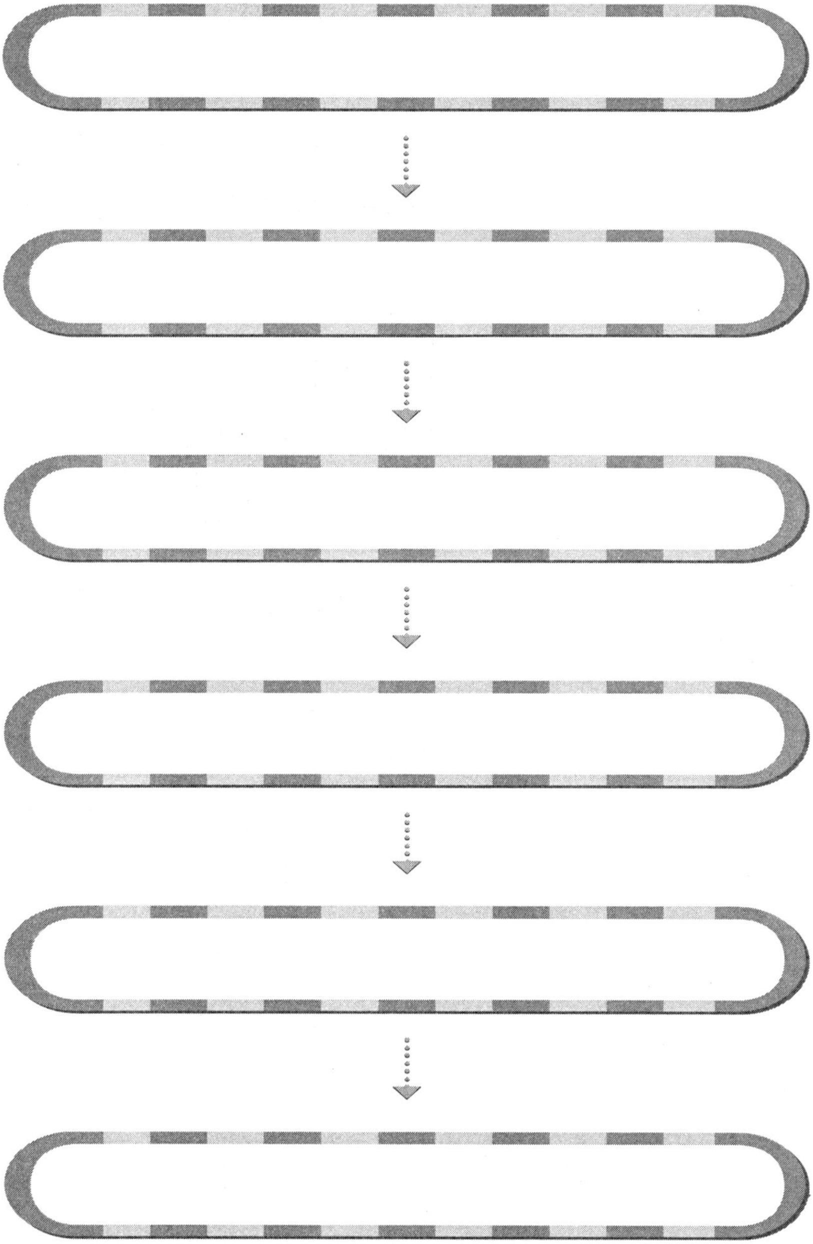

내 생각들의 공통분모로부터 찾아보기

핵심 신념을 파악하기 위한 두 번째 방법은 '내 생각들의 공통분모로부터 찾아보기'입니다. 우선 여러분이 지금까지 기록해 온 침습적 생각의 목록을 살펴봅시다. 여러분을 힘들게 하는 생각들의 목록을 앞에 놓고 그 생각들이 가지고 있는 공통점이 무엇인지 찾아보도록 하겠습니다. 아마도 그 생각들의 공통점 속에는 나 자신에 대한 핵심 신념이 있을 가능성이 많겠죠?

침습적 생각들

내가 말을 잘 못하니까 날 쳐다보지 않을 거야.	내가 긴장하는 것을 보고 나를 우습게 볼 거야.	사람들이 내가 빨리 집에 갔으면 하고 생각하겠지.

핵심 신념: '나는 무능한 사람이다.'

나의 침습적 생각들

나의 핵심 신념: '나는 ____________ 사람이다.'

문장 완성하기

만일 앞에서 생각을 검토하는 과정을 통해 나에 대한 핵심 신념을 쉽게 찾아내지 못했다면 평소 자신에 대해 가지고 있던 생각을 정리해 보는 것도 나에 대한 핵심 신념을 찾아낼 수 있는 한 방법입니다. 다음과 같은 완성되지 않은 문장의 빈칸을 채워 가면서 평소 내가 가지고 있던 생각을 정리해 보는 '문장 완성하기'가 있습니다.

예 나는……………무력하다.
사람들은………………위협적이다.
세상은………………위험한 곳이다.

나는

사람들은

세상은

----

5. 나의 핵심 신념 변화시키기

이제 여러분이 어떤 핵심 신념을 가지고 있는지 파악되셨죠? 이제부터는 위에서 알게 된 핵심 신념 '내 생각의 뿌리'가 과연 타당한지 검토해 보고 나를 힘들게 만드는 생각이 있다면 보다 건강한 핵심 신념으로 바꿔 보도록 하겠습니다. 핵심 신념을 검토하는 방법도 이제까지 여러 불안한 상황에 처했을 때 생기는 침습적 생각이 타당한지 검토하는 연습과 상당 부분은 비슷합니다. 하지만 어떠한 상황이 주어지고 그 상황에서 그런 생각을 하는 것이 타당한지 검토하는 것은 그다지 어렵지 않았습니다. 이에 비해서 핵심 신념은 매우 일반적이고 깊은 생각이기 때문에 어디에 근거해서 그 핵심 신념의 타당성을 평가할지 더 애매하고 막연할 수 있습니다. 또한 핵심 신념은 그것이 잘못되었을 것이라는 의심 없이 상당히 오랜 기간 동안 여러분의 마음속에 존재해 왔기 때문에 왠지 별 문제가 없는 것처럼 느껴지기 쉽습니다. 뿌리가 땅 밑에 숨어 있어서 보이지 않지만 뿌리의 상태에 따라 나무의 상태가 결정되듯이, 핵심 신념은 생각의 뿌리에서 우리의 반사적 생각이나 안전 행동, 그에 따른 감정과 행동 각각에 영향을 줍니다. 여러분의 '생각의 나무'가 건강하게 자라도록 하려면 먼저 뿌리의 건강 상태부터 체크해 보는 것이 필요하겠죠?

핵심 신념을 살펴보는 방법도 여러 가지가 있습니다.

연속선상에서 평가하기

부정적인 핵심 신념을 가지고 있는 사람들은 대개 흑백논리를 함께 가지고 있습니다. 예를 들어, '성공' 아니면 '실패', '행복' 아니면 '불행' 처럼 모든 일을 둘로 나누어서 생각하게 되는 일이 흔히 있습니다. 하지만 연속선의 개념을 가지고 살펴보면 보다 쉽게 균형 있고 현실적인 건강한 생각을 할 수 있게 됩니다.

내가 힘들어하는 문제, 고민하는 문제들을 '이것 아니면 저것'으로 나누어서 생각하기보다 0점부터 100점까지의 연속선상에 놓고 평가해 보면 시간이 지나면서 얼마나 좋아지는지, 다른 사람들과 비교해 보면서 자신이 얼마나 부정적으로 생각하고 있었는지 깨닫게 됩니다.

다음은 지난 시간에 이어 핵심 신념을 변화시키기 위한 선생님과 윤호의 대화입니다.

선생님: 자, 선생님은 윤호가 자신을 남들과 다른 특이한 사람이라고 생각한다는 것을 알게 되었습니다. 오늘은 그 생각에 대해 한번 살펴볼까요? 괜찮겠죠?

윤 호: 네, 선생님.

선생님: 자, 윤호가 얼마나 자신을 특이하다고 생각하는지 알아볼까요? 0점에서 100점까지 점수로 매겨 보겠습니다. 0점은 다른 사람들과 다르다는 생각이 전혀 들지 않는 '정상적' 인 상태이고, 100점은 특이하다, 다르다는 생각이 최고로 들 때를 말합니다.

윤 호: 음. 저는 꽤 다르다고 생각해요. 점수를 확실히 매기기는 어렵지만 한 80점 정도요.

선생님: 좋아요. 이제부터는 윤호가 아는 다른 사람들에 대해서 한번 점수를 매겨 봅시다. 윤호 주변에 정말로 평범하고 누가 봐도 정상적이라고 할 수 있는 사람 하면 누가 떠오르나요?

윤 호: 음. 학원에서 앞자리에 앉는 학생이 떠올라요. 정말로 모범생이고 정상적인 것 같아요.

선생님: 0~100점으로 점수를 준다면 몇 점일까요?

윤 호: 생각해 보니 약간 특이한 점은 있지만, 한 10점 정도!

선생님: 좋아요. 또 윤호가 개인적으로 아는 이웃, 친구, 가족들 혹은 TV에 나오는 유명인들 중에 '정상적' 이라고 생각되는 사람은 누가 떠오르나요?

윤 호: 잘 모르겠어요. 특별히 떠오르는 사람은 없는 것 같아요.

선생님: 그렇다면 일반 사람들이 정상적이라고 생각하는 사람은 누가 있을까요?

윤 호: '유재*' 이 정상적인 사람일 것 같아요. '유재*' 은 가장 성실한 연예인으로 뽑힌 적도 있거든요.

선생님: '유재*' 을 점수로 매기면 몇 점일까요?

윤 호: 한 5점 정도요.

선생님: 그렇다면 반대로 윤호가 생각하기에 굉장히 특이한 사람은 누가 있을까요?

윤　호: 음, 제 의견은 아니지만 요즘 나오는 사람들 중에는 '노홍*'이 특이한 것 같아요. 한 80점 정도로요.

선생님: 좋아요. 또 특이한 사람 하면 누가 떠오르나요?

윤　호: '싸*'도 특이한 것 같아요. 한 75점 정도요.

윤호와 선생님은 윤호가 자신에 대해 가지고 있는 생각을 연속선상에서 평가해 보았습니다. 윤호가 선생님과의 대화 중에 찾아낸 다른 사람들과 점수를 매겨 가면서 다시 비교했더니, 윤호가 자신에게 매긴 점수는 처음 80점에서 20점으로 떨어졌습니다.

• **연속선상에서 평가하기**

<table>
<tr><td colspan="3">윤호의 핵심 신념: 나는 남들과 다르다.
윤호의 점수: 80점</td></tr>
<tr><td>0점
매우 정상적이다.
10점: 학원 앞자리 학생
5점: 유재*</td><td>50점
정상적이지만 때로는 특이할 때도 있다.</td><td>100점
전적으로 특이하다.
75점: 싸*
80점: 노홍*</td></tr>
<tr><td colspan="3">연속선상에서 본 윤호의 점수: 20점</td></tr>
</table>

이제 나의 핵심 신념을 연속선상에서 평가해 봅시다.

• **나의 핵심 신념을 연속선상에서 평가하기**

나의 핵심 신념: 나의 점수: ________점		
0점에 해당하는 사람/상황	50점에 해당하는 사람/상황	100점에 해당하는 사람/상황
연속선상에서 본 나의 점수: ________점		

마치 ~처럼 행동하기

이 방법은 내가 새롭게 변화된 핵심 신념을 전적으로 믿지는 못한다 하더라도 마치 사실인 것처럼 행동해 보는 방법입니다. 행동을 바꾸다 보면 그에 따른 새로운 생각이 들고, 반복하다 보면 새로운 생각이 여러분에게 익숙해지고 단단해지게 됩니다.

유미는 '나는 아무것도 할 수 없는 무능력자다.' 라는 핵심 신념을 가지고 있어서 아무 일도 시작할 수 없어 매우 괴로웠고, 그러다 보니 학교에서도 늘 선생님들께 혼나기 일쑤였습니다.

유미가 선생님과 함께 정한 새로운 핵심 신념은 '나는 빈틈없고 유능한 사람이다.' 였습니다.

유미는 새로운 믿음을 마음속에 떠올리며 이전과 달리 먼저 자기 방을 깨끗이 정리하기 시작했습니다. 하나씩 하나씩 할 수 있는 일을 점차로 늘려 나가니 3개월이 지나자 학급 총무일도 완벽하게 해낼 수 있게 되었습니다. 이제는 진심으로 '나는 빈틈없고 유능한 사람이다.' 라는 생각을 가질 수 있게 되었고 반 친구들, 선생님으로부터 인정을 받게 되었습니다.

위의 방법처럼 '마치 ~처럼 행동하기' 는 처음에는 어색하고 이상하게 느껴질 수 있습니다. 마치 내가 아닌 것 같은 느낌이 들어 포기하고 싶은 생각도 들 수 있습니다. 하지만 이렇게 느끼는 것은 변화의 과정에서 매우 자연스러운 일이므로 이런 불편한 감정을 이겨 내는 노력도 필요합니다. 행동을 변화시키는 일은 마치 '새로운 신발을 신는 것' 과 비슷하다고 할 수 있겠습니다.

내 과거로 거슬러 올라가 보기

나를 힘들게 하는 핵심 신념은 대개 어린 시절부터 시작되는 경우가 흔합니다. 따라서 여러분의 옛날 기억을 거슬러 올라가 부정적인 핵심 신념의 첫 단추가 시작된 때를 찾으면 새로운 핵심 신념을 찾을 수 있게 될 것입니다.

다음은 유미와 선생님의 대화입니다.

선생님: 유미는 '나는 사람들이 좋아할 만한 사람이 아니다.' 라는 핵심 신념을 가지고 있다고 했죠? 혹시 사람들이 유미를 꽤 좋아했었던 기억이 나는 때가 있나요?

유 미: 아니요. 저는 언제나 외롭고 불쌍한 아이였어요.

선생님: 혹시 유미가 어렸을 때 많이 아파서 결석을 자주 했었기 때문이 아

닐까요?

유　미: 아니요. 잘 모르겠어요.

선생님: 유미가 아팠을 때 집에 문병을 왔던 친구들이 있었나요?

유　미: 네, 같은 반 친구 몇 명이 저를 보러 왔었어요.

선생님: 친구들이 유미를 좋아해서 온 것 같아요? 아니면 학교에서 시킨 의무라서 왔을 것 같아요?

유　미: 음…. 만약에 학교에서 시켜서 강제로 왔었다면 잠깐만 있다가 인사만 하고 갔을 텐데, 생각해 보니 저한테 많이 잘해줬던 것 같구요. 같이 웃으면서 이야기도 많이 하고, 저녁 늦게까지 놀다 간 적도 있었던 것 같아요.

선생님: 만약에 유미가 아프지 않아서 학교에 빠지는 일이 없었다면 어땠을까요?

유　미: 그랬다면 아마도 친구들을 사귈 기회가 많이 있었을 것 같아요.

선생님: 맞아요. 몸이 아파서 오랫동안 결석하다 보니 유미가 혼자서 지내는 시간이 많아져서 친구 사귈 시간이 모자랐던 것 같아요.

유　미: 지금 생각해 보니 그런 것 같아요. 아파서 결석했던 것은 제 잘못이 아닌 거잖아요. 그때는 제가 힘들게 지냈고 친구가 많지 않았지만, 그렇다고 해서 제가 지금도 사람들이 좋아할 만한 사람이 아니라고 생각하는 것은 잘못된 생각인 것 같아요.

유미는 선생님과 '내 과거로 거슬러 올라가 보기' 를 해서 아파서 결석을 많이 했던 유미의 어린 시절에 대해 이야기하고 나니, '나는 사랑받을 만한 자격이 없다.' 라는 핵심 신념에 대해 다시 생각해 볼 수 있게 되었습니다.

숙제

오늘의 숙제는 '나의 핵심 신념을 다른 관점에서 생각해 보기' 입니다.

오늘 알게 된 나의 핵심 신념을 위의 방법에 따라 일주일 동안 다시 생각해 보고 새롭게 생각하게 된 핵심 신념과 다시 생각하기 위해 내가 사용해 보았던 비법에 대해 이야기해 봅시다. 다음 주에는 새로운 생각의 뿌리를 가지고 다시 만나기를 기대하겠습니다.

나의 핵심 신념	내가 사용한 방법	새로운 핵심 신념

8 회기

자신감 회복 – 나의 멋진 모습 찾기

1. 지난 시간에 대한 요약
2. 숙제 검토
3. 자신감
4. 숨겨진 나의 장점 찾기
5. 자신감 회복 단계

1. 지난 시간에 대한 요약

지난 시간에는 내 생각의 뿌리에 해당하는 '핵심 신념' 에 대해 알아보았습니다. 핵심 신념은 우리가 일상 생활에서 갖가지 상황에 부딪힐 때, 어떤 판단을 하고 어떤 생각을 하게 되는지에 영향을 주는 마음 깊은 곳의 생각이기 때문에, 우리 생각의 나무가 건강하려면 핵심 신념을 잘 살펴보는 것이 중요합니다. 지난 시간에는 마음속 깊은 곳에 있는 핵심 신념을 찾아보는 여러 가지 방법에 대해 배웠고, 다른 관점에서 나의 핵심 신념을 바라보는 방법에 대해서도 살펴보았습니다.

2. 숙제 검토

지난 시간의 숙제는 '나의 핵심 신념을 다른 관점에서 생각해 보기' 였습니다. 핵심 신념은 어린 시절부터 오랜 시간에 걸쳐 만들어지고 굳어진 것이기 때문에 하루 아침에 바꾸는 것은 쉽지 않지만, 지난 시간에 배웠던 여러 가지 방법들을 사용해서 새롭게 다른 관점에서 생각해 보는 것은 그 자체만으로도 소중하고 의미 있는 일이라고 생각됩니다. 나의 핵심 신념과 다른 관점에서 살펴보기 위해 일주일 동안 사용했던 나의 방법, 새로운 관점에서 바라본 나의 핵심 신념에 대해 이야기해 봅시다.

3. 자신감

'자신감' 이란 내가 가지고 있는 나에 대한 전반적인 의견을 말합니다. 나 자신에 대한 평가, 다른 사람들과 비교해서 내가 가지고 있는 가치들에 대해서 나 스스로가 어떻게 생각하는지를 말합니다. 따라서 자신감은 실제로 내가 가지고 있는 능력, 현실이라기보다는 내가 스스로를 어떻게 평가하는지에 더욱 가깝습니다.

사슴 '루돌프'에 대한 이야기를 아시나요? 빨갛고 반짝이는 코를 가진 루돌프는 늘 친구들에게 놀림을 받으며, 항상 주눅이 들어 있고, 자신감이 없는 모습으로 지냈습니다. 스스로에 대한 자신감이 낮은 채로 지낸 것이지요. 하지만 미처 모르고 있던 자신의 장점을 발견해 자신감을 회복하게 된 루돌프는 씩씩하게 산타 할아버지의 썰매를 끌면서 자신감 넘치는 사슴이 됩니다. 이처럼 자신감은 실제로 내가 가지고 있는 능력, 가치라기보다는 내가 스스로 어떻게 평가하고 있느냐에 따라 높아질 수도 있고 낮아질 수도 있습니다.

이렇게 경험이나 기억, 다른 사람들과의 관계 속에서 형성된 자신감은 일상 생활의 많은 부분에 영향을 미칩니다. 스스로에 대한 생각이나 평가, 행동, 감정, 신체 상태와 같이 내 안의 여러 부분에도 영향을 미치고 가정 및 학교 생활, 친구 관계, 취미 활동 등에도 영향을 미칠 수 있습니다.

처음의 루돌프처럼 자신감이 낮으면 어떻게 될까요?

- 기분이 가라앉는다(늘 슬프고, 우울하고, 때로는 공허한 느낌이 든다.).
- 흥미 있는 활동을 할 수 있는 의욕이 떨어진다.
- 식욕이나 체중이 변화하게 된다.
- 수면 양상이 변화하게 된다(너무 많이 자거나, 잠이 오지 않아 뒤척이는 날이 많아지기도 한다.).
- 늘 피곤하고 에너지가 없다.
- 죄책감이 들고, 내 자신이 쓸모 없게 느껴진다.
- 집중력이 떨어지고, 올바른 판단을 하기 어렵다.
- 심지어 죽고 싶거나, 자해를 하고 싶은 생각이 든다.

4. 숨겨진 나의 장점 찾기

만약 이처럼 자신감이 낮은 상태가 오래 지속된다면 스스로가 가지고 있는 장점이나 자질들을 발견하기 어려울 수 있습니다. 실제로 나에게 장점이나 자질이 없는 것이 아니라 장점이나 자질을 발견할 수 있는 습관이 몸에 배지 않은 것이라고 할 수 있습니다. 지금부터 숨겨진 나의 장점들을 찾아보도록 하겠습니다.

먼저 형용사 5개를 이용해서 나를 표현해 봅시다.

예 나는 성실한 사람이다.
나는 유머 감각이 있는 사람이다.
나는 눈치가 빠른 사람이다.
나는 인사성이 밝은 사람이다.

나는 ________________________________한 사람이다.
나는 ________________________________한 사람이다.
나는 ________________________________한 사람이다.
나는 ________________________________한 사람이다.
나는 ________________________________한 사람이다.

다음의 각각의 질문에 대한 대답을 생각하면서 나조차도 미처 생각하지 못했던 나의 모습을 한번 떠올려 봅시다.

(1) 내 성격의 장점은 무엇인가요?

스스로 생각하기에 100%가 아니더라도 또는 늘 보이는 장점이 아니더라도 좋습니다.

세상에 늘 완벽하게 친절하고 정직하고 정확하고 사려 깊고 자신감 넘치는 사람은 없습니다.

(2) 내가 지금까지 살아오면서 달성했던 목표, 승리는 무엇이 있었나요?

꼭 온 세상을 떠들썩하게 만들 만큼 큰일일 필요는 없습니다. 아무리 작은 것이라도 여러분이 노력해서 얻게 된 것들을 생각해 보면 됩니다. 상장을 받았던 일도 좋고, 내가 가지고 있는 수료증이나 자격증도 좋습니다. 저의 경우에는 동네 친구들한테 배워서 지금은 한 손을 놓고도 균형을 잃지 않고 자전거를 탈 수 있게 되었습니다. 그리고 다른 친구들보다 먼저 태권도 검은 띠를 따고 상장도 받았습니다.

(3) 내가 가지고 있는 재능은 무엇이 있나요?

우리는 미켈란젤로나 베토벤이 아닙니다. 라면을 특별하게 잘 끓이는 것, 휘파람을 멋들어지게 불 수 있는 것도 다 남들이 가지지 못하는 나만의 재능일 수 있습니다.

(4) 내가 가지고 있는 기술은 무엇이 있을까요?

여러분이 할 수 있는 일에는 어떤 것들이 있을까요? 모든 것들이 다 포함될 수 있습니다. 자전거를 타는 것, 수영을 할 줄 아는 것, 바느질을 할 수 있는 것, 사람들의 이야기를 잘 들어주는 것, 워드 작업을 잘하는 것, 영어를 조금 할 수 있는 것 등 많은 것들이 포함됩니다.

---

(5) 사람들이 좋아하는 나만의 매력은 무엇인가요?

사람들이 주로 칭찬하고 인정해 주는 것은 어떤 것이 있나요? 여러분 스스로는 정작 잘 모르고 있을 수도 있습니다. 지금 한번 생각해 봅시다.

---

(6) 다른 사람들과 내가 공통적으로 가지고 있는 장점에는 어떤 것들이 있을까요?

다른 사람들의 장점을 생각해 보는 것도 나의 장점을 찾는 손쉬운 방법입니다. 여러분도 가지고 있으면서 내가 다른 사람들을 볼 때 장점이라고 생각하는 것에는 어떤 것들이 있을까요? 예를 들어, 나는 성실한 사람들을 원래 좋아하는데, 생각해 보니 나도 꽤 성실한 사람일 수 있다는 것입니다.

---

(7) 내가 가지고 있지 않은 나쁜 점은 무엇인가요?

마음속에 단점들을 떠올리면 오히려 장점에 대해 생각하기 쉬워지는 경우가 있습니다. 때로는 장점은 그림의 뒷배경처럼 당연하게 여겨지는 경우가 있습니다. 그래서 나쁜 점들에 대해 생각해 보면 장점이 잘 떠오르는 경우가 있습니다. 예를 들어, 여러분은 무책임, 잔인함, 부정직 등을 가지고 있나요? 아마도 여러분의 대답은 "아니오" 일 것입니다. 그렇다면 여러분은 책임감 있고, 친절하며, 정직한 사람일 가능성이 많습니다.

나의 장점 목록을 만드는 것은 자신감을 회복하는 첫 번째 단계입니다. 장점과 관련된 특별한 기억들에 집중해서 생각해 보면 나의 장점 목록들이 실감이 나게 될 것입니다. 다음 단계는 순간이 아닌 매일매일의 일상 생활에서 나의 장점들을 발견해 나가는 것입니다. 그렇게 하다 보면 나중에는 굳이 장점 목록을 가지고 다니지 않아도 자동적으로 스스로의 장점을 발견할 수 있게 됩니다.

앞에서 찾은 나의 장점을 정리해 봅시다.

나의 장점

1.
2.
3.
4.
5.
6.
7.
8.

이제는 지난 7주간 같이 프로그램에 참여한 친구들의 장점도 한번 생각해 봅시다.

친구의 장점

1.

2.

3.

4.

5.

6.

7.

8.

5. 자신감 회복 단계

위의 장점 목록을 바탕으로 나의 새로운 자아상을 만들어 봅시다.

다음은 윤호의 '자신감 회복 단계' 입니다.

나의 예전 자아상: 나는 사랑받을 만한 가치가 없는 사람이다.

	나의 자신감 점수(점)	나의 감정(점)
예전 자아상이 확실하다고 느껴질 때	20점	절망감: 50점 죄책감: 60점
예전 자아상이 확실하지 않을 때	50점	절망감: 30점 죄책감: 20점

새로운 나의 자아상: 나는 소중한 사람이다.

	나의 자신감 점수(점)	나의 감정(점)
새로운 자아상이 확실하다고 느껴질 때	50점	희망: 30점 안심: 40점
새로운 자아상에 대한 확신이 없을 때	20점	희망: 10점 안심: 10점

〈윤호의 예전 자아상에 대한 증거 찾아보기〉

증거	새로운 이해
사람들이 나에게 짜증을 내고, 불친절하며, 나를 실망시킨다.	항상 그런 것은 아니다. 모든 사람들을 기쁘게 할 수는 없다. 그렇다고 해서 내가 나쁜 것은 아니다.
외로운 학교 생활	우리 집이 자주 이사를 다니지 않았다면 전학을 자주 다니지 않았을 것이고, 친구 사귈 기회가 많았을 것이다.
아버지의 폭력	기분 나쁜 일이었다. 아버지도 숨기시는 것을 보면 나쁘다는 것을 알고 계신 것 같다. 어떤 어린 아이도 그렇게 맞을 만큼 심한 잘못을 했을 리가 없다. 따라서 아버지의 문제일 수도 있다.
지금 느끼는 나의 자신감 점수	85점

회복된 자신감을 유지시키기 위한 나의 장점 목록
1. 다른 사람들을 도울 줄 아는 배려심 2. 창의적이고 예술적인 상상력 3. 나를 좋아하고 믿어 주는 가족, 친구들 4. 무슨 일이든 끝까지 해내는 성실함

〈나의 자신감 회복 단계〉

나의 예전 자아상: 나는 ______________________ 사람이다.

	나의 자신감 점수(점)	나의 감정(점)
예전 자아상이 확실하다고 느껴질 때	______점	절망감: ______점 죄책감: ______점
예전 자아상이 확실하지는 않을 때	______점	절망감: ______점 죄책감: ______점

새로운 나의 자아상: 나는 ______________________사람이다.

	나의 자신감 점수(점)	나의 감정(점)
새로운 자아상이 확실하다고 느껴질 때	______점	희망: ______점 안심: ______점
새로운 자아상에 대한 확신이 없을 때	______점	희망: ______점 안심: ______점

〈나의 예전 자아상에 대한 증거 찾아보기〉

증거	새로운 이해
지금 느끼는 나의 자신감 점수	______점
회복된 자신감을 유지시키기 위한 나의 장점 목록	
1.	
2.	
3.	
4.	
5.	

숙제

자신감은 스스로 믿는 것이 중요합니다.

8회기의 내용을 읽어 보면서 나의 장점에 대해 다시 한 번 떠올려 봅시다.

9 회기

사회적 고립 - 나의 지원군 찾기

1. 지난 시간에 대한 요약
2. 숙제 검토
3. 사회적 고립-나는 혼자 생각하고 있지는 않은가
4. 나의 지원군 찾기

1. 지난 시간에 대한 요약

지난 시간은 '자신감 회복' 을 위한 시간이었습니다. 먼저 '자신감' 이란 실제로 내가 가지고 있는 능력, 현실이라기보다는 내가 스스로를 어떻게 평가하는지에 더욱 가깝다는 것을 배웠습니다. 스스로에게 잘못된 평가를 하면 이로 인해 기분이 우울해지고, 올바른 판단을 하기 어려우며, 자신이 본래 가지고 있는 능력을 제대로 발휘할 수 없습니다. 그래서 적절한 자신감을 회복하기 위해 평소 생각하지 못했던 숨겨진 나의 장점들을 찾아보았고 이를 토대로 새로운 나의 자아상을 찾아보았습니다.

2. 숙제 검토

지난 시간의 숙제는 8회기 때의 내용을 읽어보면서 나의 장점에 대해 다시 한 번 떠올려 보는 것이었습니다. 나의 장점이나 이를 토대로 마련한 나의 새로운 자아상에 대한 확신이 처음에는 크지 않을 수도있지만, 자신의 장점을 반복해서 떠올려 보거나 7회기에서 배운 '마치 ~ 처럼 행동하기' 와 비슷하게 나의 새로운 자아상대로 행동해 보면서 자신감을 회복할 수 있습니다.

3. 사회적 고립―나는 혼자 생각하고 있지는 않은가

여러분은 지금까지 같은 경험을 하더라도 어떻게 [**생각**] 하느냐에 따라 내가 느끼는 감정과 행동, 나아가 내가 느끼는 스트레스의 정도가 달라진다는 것을 배웠습니다. 내가 어떤 경험에 대해 잘못된 생각을 하면서 힘들어하고 있다면 다른 다양한 설명(대안적 설명)을 해 봄으로써 나의 고통을 줄일 수 있다는 것도 배웠습니다. 이러한 대안적 설명을 할 수 있는 방법에는 첫째, 나 자신이 하는 방법(지난 4회기에서 배운 '달리 설명하기')과 둘째, 다른 사람의 의견을 묻는 방법이 있습니다.

우리는 이해할 수 없는 일이 일어나거나 뭔가가 잘못되었다는 생각이 들면 흔히 다른 사람에게 "이런 일이 있었는데, 어떻게 생각해?"라고 묻게 됩니다. 바로 이 과정이 다른 사람의 의견을 통해 '대안설명'을 찾아내는 것입니다. 그런데 위기의 청년들의 경우 자신의 대안설명 능력에 문제가 있는 경우도 있지만 주변에 좋은 대안설명을 해 줄 만한 사람을 쉽게 찾기 어려워 혼자 힘들어하는 경우도 많았습니다. 그래서 우리는 위기의 청년 주변에 대안설명을 해 줄 만한 사람, 즉 대안설명 '지원군'들이 있는지 알아보고, 또 부족하다면 새로운 지원군이 될 수 있는 사람을 찾아보는 것이 매우 중요하다는 것을 알았습니다.

이상 경험이 정상화되느냐 악순환되느냐의 갈림길에서 '대안설명을 할 수 있는 능력이 얼마나 있느냐'는 결과에 중요한 영향을 미칩니다. 이 능력 중 '나 자신의 대안설명 능력'을 키우기 위해 우리는 제4회기에서 '달리 설명하기'를 배웠고 몇 번 반복연습을 했습니다. 그리고 또 하나의 중요한 대안설명 능력이 '대안설명을 해 주고 내 대안설명을 평가해 줄 사람(대안설명 지원군)'을 마련하는 것입니다. 이 지원군이 부족한 상태로 혼자서만 생각하고 지내는 것을 '사회적 고립'이라고 합니다. 이 사회적 고립에서 벗어나 나의 대안설명 능력을 강화해 줄 지원군을 마련하는 것이 이번 9회기의 목표입니다. 이 지원군이 얼마나 중요한가를 설명하기 위해 2001년 French 박사는 다음과 같은 '지원군' 모델을 제시했습니다.

〈French 박사의 지원군 모델〉

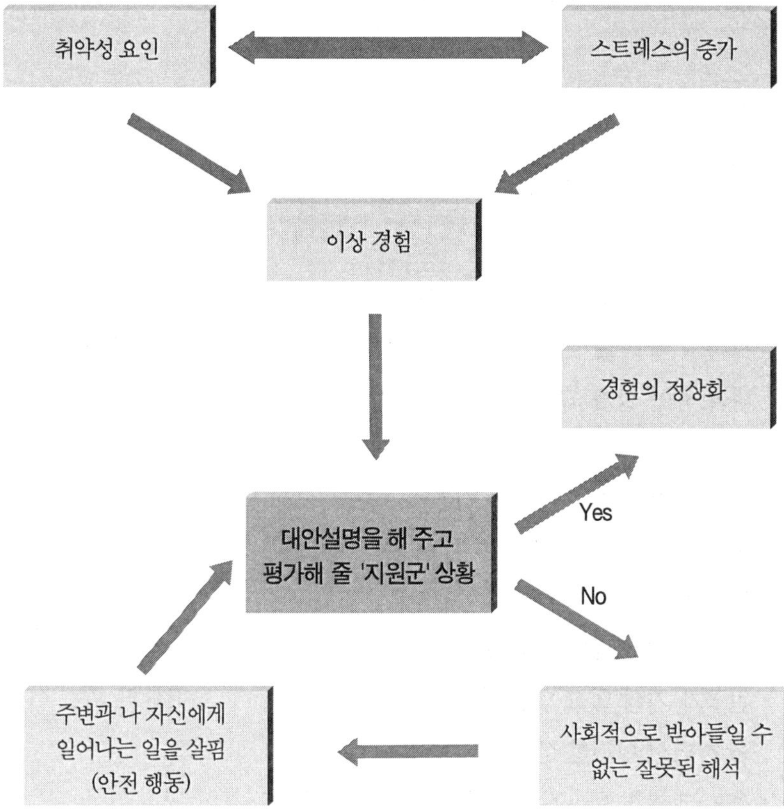

대안설명을 도와줄 지원군이 부족한 경우는 크게 다음과 같습니다.

- 원래 있었던 지원군이 사라진 경우
- 잘못된 대안설명을 부추기는 사람들이 있는 경우(반대 지원군)
- 나 스스로 지원군을 멀리하는 경우

그러면 지금부터 나의 지원군 상황은 어떠한지 알아봅시다.

4. 나의 지원군 찾기

(1) 원래 있었던 지원군이 사라진 경우

- 하나는 전학을 가는 바람에 가깝게 지내던 친구 대부분과 멀어지게 되었습니다. 하나는 새로운 친구들과 사귀기가 어려웠고 큰 외로움을 느끼게 되었습니다.
- 두리는 가족들과 자신의 개인적인 문제에 대해 이야기하는 것이 불편하다고 합니다. 게다가 두리는 올해 대학에 입학하게 되면서 집에서 나와 혼자 살게 되었고, 같은 수업을 듣는 누구와도 친해지지 않아, 결국 극도로 고립되었습니다.
- 민호는 얼마 전 무엇이든 터놓고 지내던 오래 사귄 여자친구와 헤어졌습니다. 민호는 최근에 겪은 이상한 생각들과 이로 인한 고통을 가족들에게는 말할 수 없다고 합니다.
- 혜미는 학교에서 왕따를 당해서 매우 민감해진 상태입니다. 혜미는 친구가 거의 없고 믿을 만한 사람도 없다고 합니다. 게다가 최근 이사를 하면서 이러한 상태는 더 악화되었습니다.
- 유미는 슬프게도 최근에 죽은 강아지 말고는 터놓고 지낼 만한 사람이 아무도 없다고 합니다.

다음의 예를 봅시다.

윤호는 자신이 어떤 생각을 하면 그 힘에 의해 가까운 사람들에게 사고가 난다든지 하는 나쁜 일이 일어날 수 있다고 생각했습니다. 윤호는 만약 이것이 사실이라면 자신이 악마의 자식일 것이라고 생각했습니다. 윤호는 이러한 생각 때문에 매우 괴로웠지만 이 생각에 대해 같이 이야기할 사람이 없었습니다. 윤호는 처음 사귄 여자친구와 헤어졌고, 성적이 떨어진 데다가, 얼마 전 상급생에게 이유 없이 맞는 일까지 있어 매우 위축된 상태였고, 학교의 누구와도 이야기하기가 어려웠습니다. 윤호가 가장 터놓고 이야기하는 사람은 아버지인데, 아버지마저 몇 년간 술을 끊고 지내다가 한 달 전부터 다시 매일 술을 마시고 있었습니다. 윤호는 자기 혼자 그 생각에 빠져 급기야 누가 자신이 악마의 자식이라는 것을 알고 자신을 해치려 하지 않을까 하는 두려운 마음에, 밥에 독이 있을까 봐 식사도 하지 않고 물만 마시면서 지내 이를 걱정한 가족들에 의해 청년클리닉에 오게 되었습니다.

치료자는 윤호와 이야기를 나눈 후, 윤호에게 이상 경험이 일어나기 전에 많은 스트레스가 있었다는 것을 알게 되었고, 윤호가 이유 없이 맞은 것이 피해의식과 관련이 있을 것으로 생각되었습니다. 윤호는 치료자에게 최근 자신을 더욱 위축되게 만든 사건에 대해 이야기하였습니다. 윤호가 백화점에 갔다가 집에 오려고 지하철을 기다리고 있는데, 안면이 있는 같은 학교 학생을 만났습니다. 그 학생이 윤호에게 "요즘 어때?"라고 물었는데, 윤호는 갑자기 예민해져서 사람들이 자신을 지켜보고 있다는 생각이 들었고, 사람들이 자신을 지켜보았다는 다른 증거는 없는지 살피게 되었습니다. 윤호는 위축되어서 그 학교 친구들과 한 마디도 할 수 없었고 두려움과 불안감을 안고 집으로 왔다고 합니다.

윤호는 치료자와 함께 자신의 상황을 French 박사의 '지원군' 모델로 만들어 보았습니다.

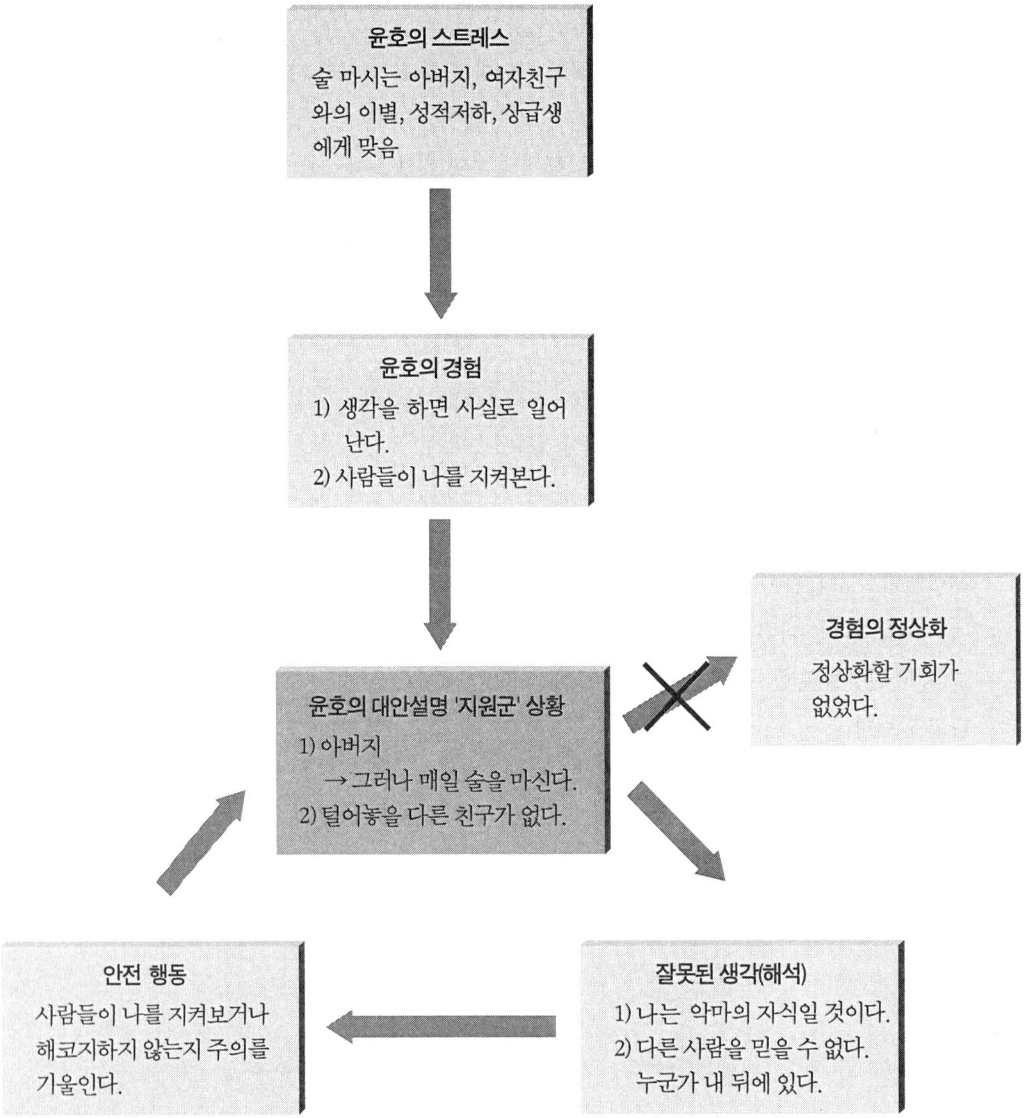
윤호의 스트레스
술 마시는 아버지, 여자친구와의 이별, 성적저하, 상급생에게 맞음
윤호의 경험
1) 생각을 하면 사실로 일어난다.
2) 사람들이 나를 지켜본다.
경험의 정상화
정상화할 기회가 없었다.
윤호의 대안설명 '지원군' 상황
1) 아버지
→ 그러나 매일 술을 마신다.
2) 털어놓을 다른 친구가 없다.
잘못된 생각(해석)
1) 나는 악마의 자식일 것이다.
2) 다른 사람을 믿을 수 없다.
누군가 내 뒤에 있다.
안전 행동
사람들이 나를 지켜보거나 해코지하지 않는지 주의를 기울인다.

앞의 모델을 통해 윤호에게 만약 윤호의 스트레스를 이해하고 윤호의 경험에 대해 지지적으로 안심시켜 줄 수 있는 주변 사람이 있었다면, 좀 더 자신의 경험을 객관적으로 다시 보고 다른 설명을 생각해 볼 수 있는 기회가 있었을 것이라는 점을 알 수 있었습니다.

치료자는 윤호를 도와서 일단 아버지 외에 자신의 경험을 이야기할 만한 사람을 찾아보았고, 이 사람이 실제적으로 나를 도와줄 것이라는 기대 정도를 '도움 기대 치수'로 표시하였습니다.

새로운 지원군	연락처 / 연락 방법	도움 기대 치수(0~100)
승준(같은 반 친구)	010-9777-****	70
사촌형	017-329-****	60

이제 나에게도 '원래 있던 지원군이 사라진 경우' 가 있는지 생각해 봅시다.

- 가족에게 어떤 일이 일어나 떨어지게 된 경우가 있나요?
- 이사나 전학을 가게 된 경우가 있나요?
- 원래 친했던 친구와 무슨 이유로 멀어진 경우가 있나요?
- 그 외 내가 의지했던 누군가와 떨어지게 된 경우가 있나요?

언제	누가	어떻게 떨어지게 되었나	그때 나의 느낌

나의 사라진 지원군을 대신할 '새로운 지원군'을 생각해 봅시다.

지원군	연락처 / 연락 방법	도움 기대 치수(0 ~ 100)

(2) 잘못된 대안설명을 부추기는 사람들이 있는 경우(반대 지원군)

희선이는 최근 취직이 되어 직장 근처의 원룸으로 이사를 했습니다. 희선이는 단짝친구와 떨어지게 되었고, 처음으로 혼자 사는 것이 두려웠으며, 직장에서 사람들과 지내기도 힘들었습니다. 이사한 후 희선이는 집에서 알 수 없는 소리가 들리고 이상한 그림자가 있는 것을 보고는 집에 귀신이 있다고 생각하게 되었습니다. 희선이의 부모님은 평소에 귀신이 있다고 강력히 믿는 분들이었고 다른 주변의 친척이나 친구 중에도 귀신이나 영혼, 다른 미신적인 존재에 대해 믿는 사람들이 많았습니다. 희선이가 자신이 겪은 이상한 현상들에 대해 주변 사람들에게 이야기했을 때 사람들은 희선이가 영적인 특별한 능력을 얻은 것 같다면서 희선이가 귀신이나 영혼과 통할 수 있게 된 것 같다고 하였습니다. 하지만 희선이는 그 말을 듣자 더 겁이났고, 정말 자신의 눈에 귀신이 보이지 않는지 살펴보느라 신경이 곤두서고 집에 들어가기도 싫어져 매우 괴로웠습니다. 희선이는 남동생과 남자친구에게 도움을 청했습니다. 희선이 생각에 두 사람은 평소에도 매우 합리적으로 생각하는 사람들이었습니다. 남동생과 남자친구 모두 희선이가 겪고 있는 일에 대해 귀신이나 영혼으로 설명하는 것은 과도한 것이라면서 희선이가 다른 설명을 할 수 있도록 도왔고 희선이는 자신이 훨씬 편해졌다는 것을 느꼈습니다.

희선이에게 일어난 상황을 French 박사의 모델에 따라 정리해 봅시다.

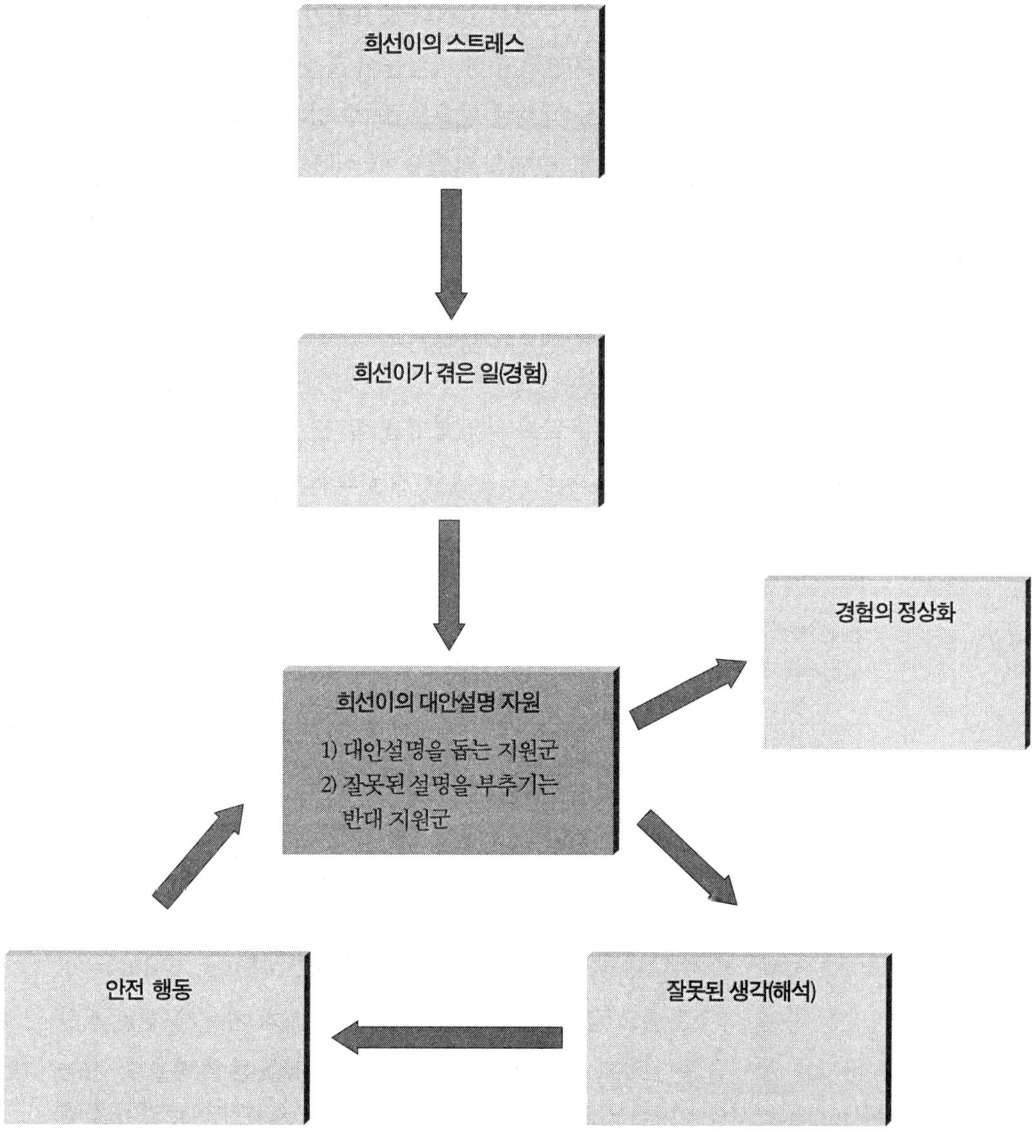

앞에서 보듯이 경험에 대해 대안설명을 할 수 있는 능력은 나의 고통을 줄여 주고, 나아가 이상 경험 자체를 줄여 주는 데 매우 중요한 핵심적인 요소입니다. 그리고 대안설명을 할 수 있는 능력을 스스로 키우는 것뿐 아니라 적절한 주변의 도움을 받는 것이 얼마나 중요한가 또한 알 수 있습니다.

희선이는 위의 모델을 보면서 주변 사람들이 훌륭한 대안설명 지원군이 될 수도 있고, 반대로 증상 악화에 영향을 줄 수 있다는 것을 알았습니다. 희선이는 자신이 다시 이상 경험을 하였을 때 이를 이야기할 만한 사람들을 있는 대로 모두 써 보았습니다.

어머니, 남동생, 이모, 이종사촌언니, 남자친구, 고교 동창 유리

희선이는 이 사람들이 올바른 대안설명을 할 수 있도록 얼마나 도와줄 수 있을지, 그 기대되는 정도를 도움 기대 치수로 표시하였습니다.

지원군	연락처 / 연락 방법	도움 기대 치수(0~100)
남동생	010-9948-****	80
남자친구	016-379-****	70
유리(고교 동창)	011-9998-****	65
어머니	011-9998-****	30
이모	011-9998-****	20
이종사촌언니	011-9998-****	15

희선이는 다시 고통스러운 경험이 일어나고, 자꾸 귀신일 것이라는 생각을 하게 되어 무섭고 힘들면, 이 사람들 중 도움 기대 치수가 높은 지원군에게 먼저 전화를 하고 기대 치수가 낮고 오히려 잘못된 설명을 할 가능성이 높은 사람들과의 대화는 줄였습니다. 희선이는 자신의 스트레스를 오히려 늘리는 사람들 안에만 있지 않고 스스로 자신을 도울 수 있는 사람들

을 찾음으로써 고통을 크게 줄일 수 있었습니다. 희선이는 점차 스트레스가 줄었고 나중에는 군이 전화를 하지 않아도 스스로 적절한 설명을 하면서 편안하게 지낼 수 있었습니다.

이제 나에게도 '잘못된 설명을 부추기는 사람들' 이 있는지 생각해 봅시다.

- 나의 경험에 대해 비상식적인 혹은 미신적인 설명을 하는 사람이 있지 않나요?
- 나의 경험에 대한 어떤 사람의 설명을 듣고 더 스트레스를 받은 경우는 없나요?
- 나의 경험에 대해 내 생각에 잘못되었다고 생각되는 설명을 하는 사람은 없나요?

언제	누가	어떤 잘못된 설명을 하였나?	그때 나의 느낌

내가 이상 경험을 겪었을 때 이야기를 할 수 있는 사람을 모두 적고 도움 기대 치수를 써 봅시다. 기대 치수에 따라 도움이 많이 될 사람과 도움이 적게 될 사람(혹은 잘못된 대안설명을 할지도 모르는 사람)으로 나누어 봅시다.

지원군	연락처 / 연락 방법	도움 기대 치수(0 ~ 100)

(3) 나 스스로 지원군을 멀리하는 경우

앞에 나왔던 윤호의 경우를 다시 봅시다.

윤호는 지원군이었던 아버지가 술을 마셔서 지원군이 사라지기도 했지만, 동시에 스스로 지원군을 멀리하고 있었습니다. 윤호는 다른 사람에게 자신의 경험과 생각을 이야기하면 사람들이 자신을 악마의 자식이라고 생각하여 해치지는 않을까 걱정하여 말하지 않았고, 병원에 왔을 때도 자신에게 이상한 주사를 놓을까 봐 처음에는 치료자에게도 잘 이야기하지 않았습니다.

이렇듯 윤호가 스스로 지원군을 멀리하고 있기 때문에, 치료자는 윤호에게 위에서 찾은 새로운 지원군에게 이야기를 할 수 있겠는지 물었습니다. 윤호는 다른 사람들과 이야기를 하려 해도 자신의 경험을 대체 어떻게 설명하면 좋을지 모르겠다고 하였습니다. 치료자는 윤호와 함께 '역할놀이'를 통해 어떻게 말하는 것이 윤호에게 가장 편안하고 도움이 될지를 찾아보았습니다.

역할놀이

치료자(친구 승준 역할): 너 요즘 무슨 일 있니? 표정도 딱딱하고 도시락도 안 먹고.

윤 호: 음… 그게, 사람들이 신경 쓰여.

치료자: 왜 신경이 쓰이는데?

윤 호: 어…. 사람들이… 날…나를…(윤호는 매우 긴장된 표정이었습니다.)

치료자: (역할에서 나와서) 지금 뭔가 하고 싶은 말을 못하고 긴장하는 것 같은데요? 속으로는 무슨 말을 하고 싶나요?

윤 호: '사람들이 날 감시하는 것 같다.' 는 이야기요. 그런데 그렇게 말하면 나를 이상한 사람으로 볼 것 같아요.

치료자: 어째서 이상하게 볼까요?

윤 호: '감시' 라는 말이 좀 무섭고, 이상하게 들릴 것 같아요. 그런 일은 잘 없으니까요.

치료자: '감시' 라는 단어 말고 좀 더 일반적인 다른 말로 현재 걱정을 표현할 수는 없을까요?

윤 호: 사람들의 시선이 부담된다?

치료자: 좋아요. 그러면 그렇게 다시 이야기해 봅시다.

치료자(친구): 왜 사람들이 신경이 쓰이는데?

윤 호: 사람들 시선이 좀 부담이 돼. 나를 유심히 보는 것도 같고.

치료자: 어떤가요? 지금은 좀 더 편안하게 말할 수 있나요?

윤 호: 네. 이렇게 말하면 그렇게 이상하게 생각하지는 않을 것 같아요.

윤호는 이와 같이 자신의 상태를 '편안하게' 표현할 수 있는 말들을 역할놀이를 통해 생각해 본 후 다음날 학교에서 친구 승준이와 대화를 나누었습니다. 윤호는 다음 치료시간에 와서 승준이와의 대화가 상당히 도움이 되었다고 하였습니다. 윤호가 이러한 어려움을 이야기하자, 승준이는 자신도 인기 많은 친구와 싸운 후 사람들이 자신을 안 좋게 보는 것 같이 느낀 적이 있다면서, 아마 승준이가 최근에 학교에서 상급생에게 맞은 것 때문에 예민해질 수밖에 없을 것이라고 했다고 합니다. 승준이는 친구도 비슷한 경험을 했다는 것을 듣고 자신의 경험이 스트레스 때문일 것이라는 생각이 들자 마음이 좀 편해졌다고 합니다.

앞의 지원군들 중 나의 경험과 생각, 고통에 대해 가장 먼저 이야기를 나눌 만한 사람은 누구일까요?

지금부터 이 사람과 대화한다고 생각하고 치료자와 함께 '역할놀이'를 해 봅시다.

나의 경험과 이 경험에 대한 생각, 여러 가지 대안설명을 하는 과정에서 나의 '지원군'들이 어떤 역할을 할 수 있는지 French 박사의 모델을 통해 알아봅시다.

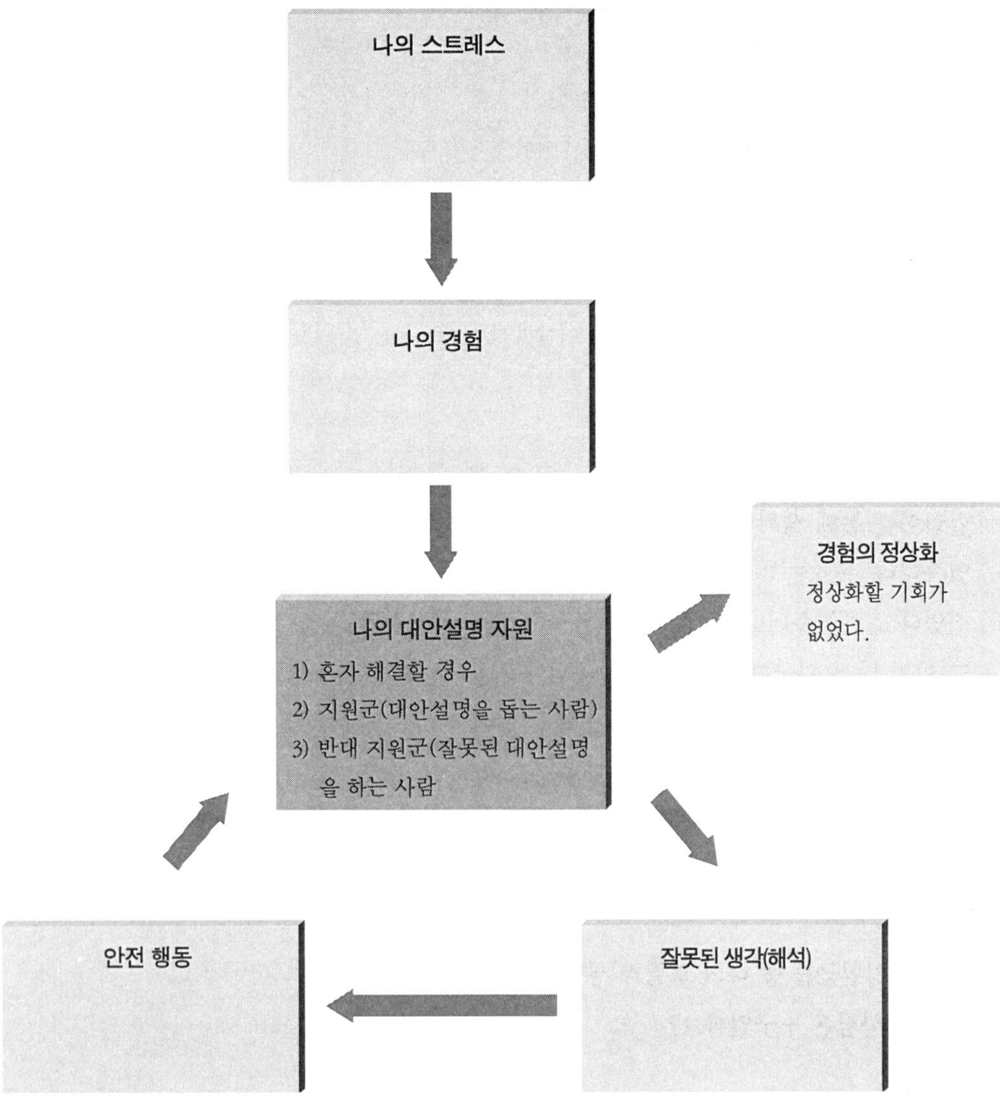

숙제

역할놀이를 바탕으로 나의 '지원군'에게 실제로 나의 이야기를 해 봅시다.

다음 시간에 치료자와 함께 지원군과 이야기를 나눈 경험에 대하여 이야기해 봅시다.

10 회기

새로운 시작 - 프로그램을 정리하며

1. 지난 시간에 대한 요약
2. 숙제 검토
3. 지난 회기 정리
4. 좋아진 점/희망사항 정리하기
5. 새로운 시작
6. 치료자의 평가

1. 지난 시간에 대한 요약

지난 시간에는 나 자신의 든든한 힘이 될 수 있는 '지원군 찾기' 에 대해 알아보았습니다. 나의 힘든 점을 다른 사람과 나누지 않고 혼자서 고민하다 보면, 고민은 고민대로 커지고 나만의 생각에 빠져들게 되며, 점점 혼자가 되어 더욱 외롭게 지내게 됩니다. 이렇게 되기 전에 나의 지원군이 될 만한 든든한 사람들을 찾아 나의 힘든 점을 나누면 훨씬 더 쉽고 빠르게 많은 고민들을 해결할 수 있습니다.

2. 숙제 검토

지난 시간의 숙제는 나의 지원군이 될 만한 사람을 정해서 그들과 함께 나의 고민을 나눠 보는 것이었습니다. 사람들이 나를 더 이상하게 생각하지 않을까, 이야기해 봐도 소용없을 것 같다는 불안한 생각을 잠시 잊고 용기 있게 한번 부딪혀 보셨을 것입니다. 어떤 이야기를 누구와 함께 나누었는지, 어떤 생각과 느낌이었는지 같이 이야기해 봅시다.

3. 지난 회기 정리

지난 10주 동안 여러분은 인지치료란 무엇인가에 대해 살펴보고, 나의 생각과 행동을 바꿔 나가기 위한 여러 가지 방법들에 대해 배웠습니다. 프로그램을 마치는 지금은 여러분이 그동안 배우고 연습하여 익힌 내용들을 다시 한 번 정리하여 완전히 자신의 것으로 만들어 가야 할 때입니다. 지난 10주간의 프로그램 중 기억에 생생한 것도 있고, 가물가물하게 기억이 잘

나지 않는 것도 있을 텐데요.

오늘은 지금까지 배운 내용들을 다시 한 번 훑어보고, 처음과 비교하여 달라진 점과 아직 정리가 필요한 점들을 점검해 보겠습니다. 지난 시간을 정리하는 것은 새로운 시작을 위해 한 발 나아가기 위한 첫걸음입니다.

아래의 빈칸에 인지치료 시간에 배웠던 내용 중 기억나는 것들에 대해 적어 봅시다. 배웠던 기법도 좋고, 인상적으로 기억에 남는 예, 치료 중에 선생님과 나누었던 이야기 중에 기억나는 것, 내가 특히 도움을 받았던 방법들 모두 괜찮습니다. 지난 9주 동안을 찬찬히 떠올리면서 적어 봅시다.

좀 정리가 되셨나요?

1회기부터 9회기까지의 내용을 요약해 보면서 다시 한 번 기억을 되살려 봅시다.

(1) 1회기: 위기를 기회로 바꾸는 시작–인지치료와의 만남

첫 번째 시간은 서로에 대한 소개 및 인지치료의 원리에 대해 알아보는 시간이었습니다. 그리고 치료 시간에 서로 지켜야 할 약속들에 대해서도 알아보았습니다. '어떤 일이 벌어졌느냐' 보다 '그것을 어떻게 생각하고 상황을 해석하느냐' 가 이후의 기분이나 감정 상태를 결정한다는 인지치료의 기본 개념에 대해서 배웠습니다.

- 자기 소개 및 프로그램 소개
- 인지치료의 기본 개념(스펀지 놀이-네모 게임)

(2) 2회기: 문제 목록 정하기 & 문제를 목표로 만들기

두 번째 시간에는 우리가 힘들어하는 문제가 무엇인지 알아보고, 중요한 순서대로 순위를 정해 보았습니다. 가장 중요하다고 생각된 문제에 대해서는 'SMART' 라는 원칙에 따라 각각의 목표를 정해 보았습니다. 어떠세요? 우리의 문제가 무엇이었는지 기억이 나시나요?

- 문제 우선순위 정하기
- 목표 정하기 & 달성도 체크

(3) 3회기: 문제의 집짓기-문제를 조직적으로 설계하기

세 번째 시간에는 지난 시간에 자세하게 알아보았던 나만의 문제, 목표에 대한 정보들을 바탕으로 그 안에 숨겨진 나의 생각, 행동, 감정들에 대해 알아보았습니다. 이를 바탕으로 해서 나만의 문제의 조직화-문제의 집짓기의 개념을 익히고 '문제의 집짓기' 를 해 보는 시간이었습니다.

- 문제의 집짓기
- 자서전 쓰기

(4) 4회기: 한 가지 경험, 만 가지 생각-달리 설명하기

네 번째 시간에는 여러분이 겪고 있는 경험과 문제에 대해서 여러분이 가질 수 있는 여러 가지 생각들에 대해 알아보았습니다. 똑같은 경험을 하더라도 어떻게 생각하느냐에 따라 그에 따른 감정이나 생각은 다양할 수 있다는 것은 첫 번째 시간을 통해 알게 되었을 것입니다. 나의 경험을 설명할 수 있는 여러 가지 이유에 대한 증거들을 '생각의 탐정놀이' 를 통해 알아보았고, 그렇게 찾아낸 증거들을 바탕으로 '달리 설명하기' 를 해 보았습니다. 내가 가지고 있는 문제에 대해 다른 방식으로 생각해 볼 수는 없는지, 대안적 설명에 대해 알아보는 시간이었습니다.

- 생각의 탐정놀이
- 달리 설명하기

(5) 5회기: 안전 행동—정말 안전할까

다섯 번째 시간에는 공포나 불안을 유발하는 상황에서 자신에게 느껴지는 불안을 줄이고, 두려운 결과가 일어나는 것을 막기 위해 하는 '안전 행동' 들에 대해 알아보았습니다. 안전 행동을 하면 처음에는 불안이나 두려움이 없어지는 것처럼 느껴질 수 있지만, 사실은 우리의 잘못된 생각을 굳어지게 만들고 다른 일상 생활에도 방해가 되기 때문에 찾아서 바꾸는 것은 꼭 필요합니다.

- 안전 행동 찾기(선택적 주의집중/회피 행동)
- 안전 행동 실험하기

(6) 6회기: 생각에 대한 생각—초인지

여섯 번째 시간에는 내 생각에 대한 생각—초인지의 개념 및 그 중요성에 대해서 알아보고, 여러 가지 방법을 통해서 내가 가지고 있는 초인지에 대해 도전해 보았습니다. 생각에 대해서 반복해서 알아보고 수정해 나가는 일은 쉽지 않아서 그만두고 싶은 생각도 들고, 큰 변화가 없는 것 같아 답답한 생각도 들 수 있지만, 여러 가지 관점에서 자꾸 내 생각을 들여다보고 설명해 보고 바꾸려고 노력하는 과정은 꼭 필요합니다.

- 나의 초인지 찾기(생각의 색안경)
- 초인지 실험하기

(7) 7회기: 나의 핵심 신념- 내 생각의 뿌리 찾기

일곱 번째 시간에는 내 생각의 뿌리에 해당하는 '핵심 신념' 에 대해 알아보는 시간이었습니다.

핵심 신념은 내 마음속 깊은 곳에 자리잡고 있는 생각이라서 찾아내기도 쉽지 않고 바꾸기도 꽤 어렵지만, 내 생각의 뿌리가 튼튼한지 건강한지 체크해 보는 것은 꼭 필요합니다.

- 핵심 신념 찾기(수직 화살표 기법/내 생각의 공통분모로부터 찾아보기/문장 완성하기)
- 핵심 신념 변화시키기(연속선상에서 평가하기/마치 ~처럼 행동하기/내 과거로 거슬러 올라가 보기)

(8) 8회기: 자신감 회복－나의 멋진 모습 찾기

여덟 번째 시간에는 숨겨져 있던 나의 장점들을 찾아서 자신감을 회복해 보는 시간이었습니다. 자신감이란 실제의 나의 능력이나 현실이라기보다는 나 자신에 대한 스스로의 평가입니다. 자신감이 낮은 채로 지내다 보면 내가 가지고 있는 장점이나 자질들도 모르고 지나칠 때가 많습니다. 이렇게 경험이나 기억, 다른 사람들과의 관계 속에서 형성된 자신감은 여러분의 일상 생활의 많은 부분에 영향을 미치기 때문에 중요한 것이지요.

- 숨겨진 나의 장점 찾기
- 자신감 회복 단계

(9) 9회기: 사회적 고립－나의 지원군 찾기

아홉 번째 시간에는 혼자만의 고민이나 생각에서 벗어나 내 주위의 지원군을 찾아보는 시간이었습니다. 혼자서 고민에 몰두하다 보면 내가 경험한 것에 대해 나만의 해석을 해서 오해를 하게 되는 경우가 많이 있습니다. 물론 지금까지 배웠던 방법을 이용해 혼자 생각을 바꾸도록 노력하는 것도 중요하지만, 내 주위의 든든한 지원군을 찾아 도움을 청하는 것도 큰 도움이 된다는 것을 배웠습니다.

- 나의 지원군 찾기
- 역할놀이

자, 각 시간에 다루었던 내용들을 간단하게 정리해 보았습니다. 지금까지 해 온 내용들을 검토해 보는 것은 배운 것을 한번 정리해 본다는 점에서도 필요할 뿐더러, 앞으로 스스로가 자신의 치료자가 되기 위해 꼭 필요한 절차라고 할 수 있습니다. 이 모든 내용을 완전히 내것으로 만들어야 어떠한 상황에서 문제가 생기는지, 그 문제에 대해 다르게 생각해 보고 보다 타당한 생각으로 변화시키려면 어떻게 해야 하는지, 내가 하고 있는 안전 행동은 없는지, 이 모든 것에 영향을 주는 나의 핵심 신념은 무엇인지 처음에 지었던 '문제의 집짓기' 를 바탕으로 하나하나 몸에 익혀 나가는 것이 중요합니다.

4. 좋아진 점/희망사항 정리하기

사람마다 차이는 있겠지만 프로그램을 마치려고 하는 지금 어느 정도 처음 저희 클리닉을 찾아왔을 때의 문제를 극복할 수 있게 되었을 것입니다. 이렇게 차이가 나는 이유는 여러 가지가 있을 수 있습니다. 얼마나 열심히 참여했는지도 영향을 미칠 것이고, 치료가 시작되는 시점에 각자가 힘들어 하는 문제의 정도가 다르기 때문일 수도 있고, 사람마다 좋아지는 속도가 다르기 때문이기도 합니다.

처음 이 프로그램에 참가하겠다고 결심했을 때를 떠올려 봅시다. 어떠한 상황에서 어떤 문제와 생각들 때문에 힘들었는지 회상해 봅시다.

그리고 지금 현재 나의 모습을 생각하고 처음의 모습과 비교해 봅시다.

(1) 좋아진 점 정리하기

지난 아홉 번의 시간을 통해 어떤 점이 변화하였습니까? 보다 좋아지고 편해진 점들은 어떤 것들인지 정리해 보고 어떤 방법들이 나에게 특히 효과적이고 도움이 되었는지 정리해 봅시다.

다음은 윤호의 예입니다.

날짜: ○○년 ○월 ○○일

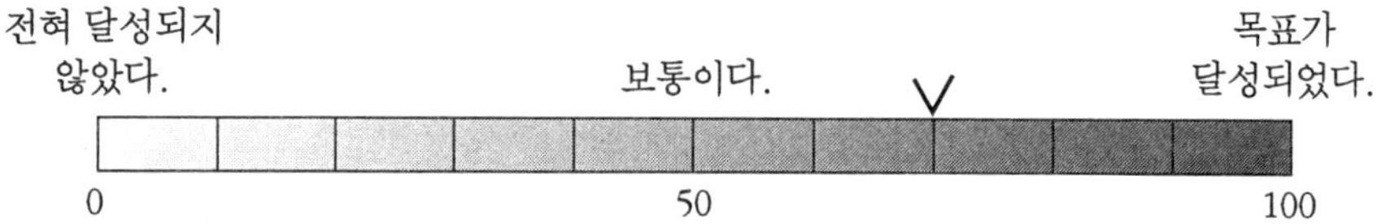

프로그램 시작 때의 목표와 비교해서 좋아진 점
피하기만 했던 발표들을 자연스럽게 할 수 있게 되었다. 내가 특이한 사람이라는 생각을 50% 덜 하게 되었다. 가족들과 대화하는 시간이 하루 1시간 이상 늘어났다.
도움이 되었던 방법들과 점수
인지치료의 기본 개념(스펀지 놀이-네모 게임): 70점 목표 정하기 & 달성도 체크: 60점 문제의 집짓기: 70점-어려웠음 자서전 쓰기: 80점 생각의 탐정놀이: 85점 달리 설명하기: 90점 안전 행동 실험하기: 85점 초인지 실험하기: 90점 핵심 신념 찾기(수직 화살표 기법/내 생각의 공통분모로부터 찾아보기/문장 완성하기): 60점 핵심 신념 변화시키기(연속선상에서 평가하기/마치 ~처럼 행동하기/내 과거로 거슬러 올라가 보기): 60점 숨겨진 나의 장점 찾기: 95점 나의 지원군 찾기: 50점 역할놀이: 85점
그 외 변화된 생각과 행동들
나는 이상한 사람이다. → 나는 보통의 평범한 사람인 것 같다. 항상 완벽하게 해야 한다. → 사람은 누구나 실수할 수 있다. 실수해도 괜찮다. 사람들의 시선이 부담스럽다. → 사람들은 실제로는 나를 주시하지 않고, 오히려 내가 의식하는 면이 많다는 것을 알게 되었다.

나의 경우를 한번 적어 봅시다.

두 번째 시간에 정해 보았던 목표와 목표 달성도를 기억하시나요?

오늘 날짜와 함께 마지막 시간의 목표 달성도를 기록해 봅시다.

날짜: 년 월 일

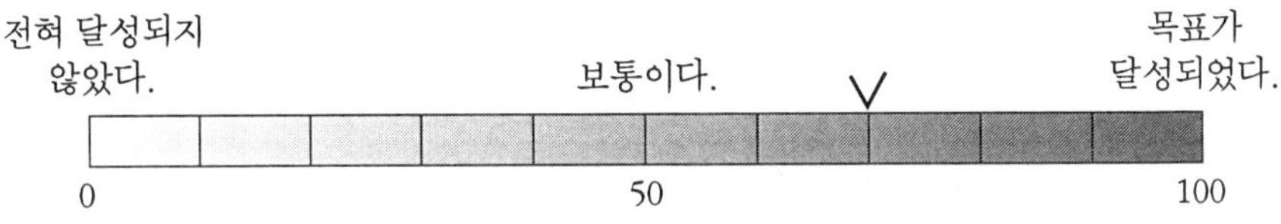

프로그램 시작 때의 목표와 비교해서 좋아진 점

도움이 되었던 방법들과 점수

인지치료의 기본 개념(스펀지 놀이-네모 게임): ______점

목표 정하기 & 달성도 체크: ______점

문제의 집짓기: ______점

자서전 쓰기: ______점

생각의 탐정놀이: ______점

달리 설명하기: ______점

안전 행동 실험하기: ______점

초인지 실험하기: ______점

핵심 신념 찾기(수직 화살표 기법/내 생각의 공통분모로부터 찾아보기/문장 완성하기): ______점

핵심 신념 변화시키기(연속선상에서 평가하기/마치 ~처럼 행동하기/내 과거로 거슬러 올라가 보기): ______점

숨겨진 나의 장점 찾기: ______점

나의 지원군 찾기: ______점

역할놀이: ______점

그 외 변화된 생각과 행동들

지난 9회기 동안 함께 치료를 받은 서로의 변화된 점에 대해 이야기해 봅시다. 처음 만났을 때와 비교해서 어떤 점이 좋아졌나요? 얼굴 표정이 밝아졌나요? 목소리가 또렷해졌나요? 서로 칭찬해 봅시다.

(2) 희망사항 정리하기

위에서 우리는 바람직하게 변화된 점에 대해서 정리해 보았습니다. 하지만 치료를 받으면서도 생각으로는 이해가 되지만 실제 행동으로 옮기기 쉽지 않은 부분들도 있었을 것입니다. 이해가 잘되지 않았던 부분도 있을 수 있고 아직 용기나 자신감이 부족할 수도 있습니다. 솔직하게 터놓고 정리해 봅시다.

희망사항/ 앞으로 더 채워 나가야 할 부분

(3) 치료 프로그램 평가

이제 지난 9주 동안 열심히 참여했던 프로그램에 대해 평가해 봅시다.

여러분의 한마디가 앞으로 치료받을 다른 친구들에게 큰 도움이 되고, 치료 프로그램이 발전해 나가는 데 무엇보다도 소중한 의견이 될 것입니다.

치료 프로그램 평가

5. 새로운 시작

자, 이제 여러분은 스스로가 자신의 치료자가 되어 문제를 해결해 나가도록 노력하여야 합니다. 새로운 시작이라고 할 수 있겠죠?

프로그램이 진행되는 10주 동안 어느 정도 좋아진 부분이 있지만, 어떻게 보면 10주라는 시간은 앞으로의 치료를 위한 준비시간일 수도 있습니다. 10주를 마쳤다고 해서 우리의 문제가 완전히 없어졌다고 할 수는 없습니다. 지난 10주간은 혼자서는 오랜 시간이 걸릴 수도 있었던 것을 치료자와 함께 빨리, 효과적으로 정확한 목적지에 이르는 방법을 배웠던 것입니다.

이제부터는 이 프로그램을 통하여 배운 여러 기법과 방법들을 스스로 활용해야 할 때입니다. 앞에서도 말씀드렸지만 이제부터는 여러분이 각자의 치료자가 되셔야 합니다.

연습하고 배워서 어느 정도 자신감이 생겼지만 예기치 않은 어려운 상황이 올 수도 있고 다시 힘들어질 수도 있습니다.

위기는 예고 없이 우리에게 찾아옵니다.

하지만 이런 일이 있다고 해서 받았던 치료가 아무 의미 없이 처음 상태로 되돌아가는 것은 아닙니다. 그저 지나가는 과정일 뿐입니다. 그러므로 일시적으로 힘들어지고 불안해지더라도 좌절하지 마십시오. 개구리가 멀리 뛰기 위해서 더 움츠린다는 이야기를 들어보셨죠? 만약 슬럼프가 길어지고 시간이 지나도 좋아질 기미가 보이지 않는다면 다시 한 번 프로그램에서 배웠던 것을 처음부터 살펴보시고 다시 시작하는 마음으로 적용해 봅시다. 필요하면 다시 치료자에게 혹은 나의 지원군에게 도움을 청하셔도 됩니다.

저희는 항상 여러분을 응원합니다.

SOS 연락망

홈페이지:

6. 치료자의 평가

환자 각자의 구체적인 변화를 포함하는 치료자의 간단한 논평 및 향후 치료에 있어서 중요한 사항과 자신감을 주는 멘트를 넣어 되도록이면 직접 친필로 써서 주도록 한다. 이 논평은 물론 인지치료를 마감하는 수료증의 의미도 담고 있지만, 이제까지 치료 구조 내에서의 환자/치료자 관계를 넘어 보다 친근하고 힘든 일이 있을 때 쉽게 도움을 청할 수 있는 대상이라는 메시지를 전할 수 있도록 하는 것이 좋다.

〈치료자 논평의 예〉

윤호에게

윤호를 만난 지가 엊그제 같은데 벌써 치료를 마칠 날이 되었네요. 처음에는 치료받을까 많이 망설이기도 해서 조금 걱정되기도 했지만, 시간이 지나면서 누구보다도 숙제도 열심히 하고 질문도 많이 하는 윤호 모습이 보기 좋았고 그런 윤호를 보면서 보람도 많이 느꼈던 거 알아요? 그리고 무엇보다 이 치료를 통해서 윤호가 학교 생활에 자신감을 많이 갖게 된 것 같아 제일 다행이고요.

앞으로 고3이 되면 이것저것 스트레스도 많아지고 공부 부담도 커질 테지만, 윤호가 언젠가 치료 시간에 이야기한 것처럼 부딪혀 보면 아무것도 아닐 거예요. 언제나 선생님은 윤호를 응원할 거구요. 힘든 일 있으면 언제든지 연락해요. 힘든 일 없어도 가끔 안부 전화해도 되구요. 그럼 다시 만나는 날까지 파이팅!!!

○○년 ○월 ○○일 ○○○ 선생님이

참고문헌

김경란, 이수영, 박진영, 최수희, 김보라, 장형윤, 김애리, 박소라, 강지인, 이은, 안석균(2007). 임상적 고위험군에서의 정신증 이행을 예방하기 위한 인지치료. 대한신경정신의학회 추계학술대회 자료집.

박진영, 강지인, 이은, 안석균(2007). 임상적 고위험군 4 증례. 대한정신분열병학회 추계학술대회 자료집.

안석균(2007). 고위험군의 치료적 전략. 대한신경정신의학회 추계학술대회 자료집.

안석균(2007). 조기 정신증 어떻게 이해할 것인가. 대한정신약물학회 춘계학술대회 자료집.

안석균, 김어수(2003). 조기개입이 정신병 발병을 지연시키거나 예방적 효과가 있는가. 대한정신약물학회 춘계학술대회 자료집.

이훈진(1999). 편집증의 원인에 대한 탐색적 연구: 자기 개념과 추론편향. 한국심리학회지, 임상 18, 1-15.

Addington, J., & Gleeson, J. (2005). Implementing cognitive-behavioral therapy for first-episode psychosis. *British Journal of Psychiatry, 187* (suppl. 48) s72-s76.

Addington, J., & Penn, D. (2006). Engagement and the therapeutic alliance. In Addington, J., Francey, S. M., & Morrison, A. P. (Eds.), *Working with people at high risk for developing psychosis: a treatment handbook* (pp. 41-52). John Wiley & Sons, Ltd.

An, S. K., Kang, J. I., Park, J. Y., Kim, K. R., Lee, S. Y., & Lee, E. (2010). Attribution bias in ultra-high risk for psychosis and first-episode schizophrenia. *Schizophrenia Research,* 118, 54-61.

An, S. K., Lee, S. J., Lee, C. H., Cho, H. S., Lee, P. G., Lee, C. I., Lee, E., Roh, K. S., & Namkoong, K. (2003). Reduced P3 amplitudes by negative facial emotional photographs in schizophrenia. *Schizophrenia Research, 64,* 125-135.

Bechdolf, A., Veith, V., Schwarzer, D., Schormann, M., Stamm, E., Janssen, B., Berning, J., Wagner, M., & Klosterkotter, J. (2005). Cognitive-behavioral therapy in the pre-psychotic phase: an exploratory study. *Psychiatry Research, 136,* 251-255.

Bentall, R. P., Rowse, G., Shryane, N., Kinderman, P., Howard, R., Blackwood, N., Moore, R., & Corcoran, R. (2009). The cognitive and affective structure of paranoid delusions: a transdiagnostic investigation of patients with schizophrenia spectrum disorders and depression. *Archives of General Psychiatry, 66,* 236-247.

Bowe, S. E., French, P., & Morrison, A. P. (2006) Addressing attenuated symptoms in 'at risk' clients. In Addington, J., Francey, S. M., & Morrison, A. P. (Eds.), *Working with people at high risk for developing psychosis: a treatment handbook* (pp. 111-128). John Wiley & Sons, Ltd.

Edwards, J., & Harris, M. G., Bapat, S. (2005). Developing services for first-episode psychosis and the critical period. *British Journal of Psychiatry, 187* (suppl. 48) s91-s97.

Fennel, M. J. V. (1999). Overcoming low self-esteem: a self-help guide using cognitive behavioral techniques. Robinson, England.

Freeman, D. (2007). Suspicious minds: the psychology of persecutory delusions. *Clinical Psychology Review, 27*, 425-457.

French, P. (2003). Cognitive therapy for preventing translation to psychosis in high risk individuals: a case series. *Behavioural and Cognitive Psychotherapy, 31*.

French, P., & Morrison, A. P. (2004). *Early detection and cognitive therapy for people at high risk of developing psychosis-a treatment approach*. John Wiley & Sons Ltd.

Garety, P. A., Freeman, D., Jolley, S., Dunn, G., Bebbington, P. E., Fowler, D. G., Kuipers. E., & Dudley. R. (2005). Reasoning, emotions, and delusional conviction in psychosis. *Journal of Abnormal Psychology, 114*, 373-384.

Green, M. J., & Phillips, M. L. (2004). Social threat perception and the evolution of paranoia. *Neuroscience and Biobehavioral Reviews, 28*, 333-342.

International Eraly Psychosis Association Writing Group. (2005). International clinical practice guidelines for early psychosis. *British Journal of Psychiatry, 187* (suppl. 48) s120-s124.

Kim, K. R., Lee, S. Y., Park, J. Y., Choi, S. H., Kim, B., Chang, H. Y., Kim, A., Kang, J. I., Lee, E., & An, S. K. (2008). Cognitive therapy for reducing psychiatric symptoms in people with clinical high-risk. International Conference on Early Psychosis. Melbourne.

Lee, E., Kim, J. J., Namkoong, K., An, S. K., Seok, J. H., Lee, Y. J., Kang, J. I., Choi, J. H., Hong, T., Jeon, J. H., & Lee, H. S. (2006). Aberrantly flattened responsivity to emotional pictures in paranoid schizophrenia. *Psychiatry Research, 143*, 135-145.

Maier, W., Cornblatt, B. A., & Merikangas, K. R. (2003). Transition to schizophrenia and related disorders: toward a taxonomy of risk. *Schizophrenia Bulletin, 29*, 693-701.

Marshall, M., & Rathbone, J. (2006). Early Intervention for psychosis. Cochrane

Database of Systematic Reviews, Issue 4. Art. No.: CD004718. DOI: 10.1002/14651858.CD004718.pub2.

McGlasshan, T. H. (2005). Early detection and intervention in psychosis: an ethical paradigm shift. *British Journal of Psychiatry, 187* (suppl. 48) s113-s115.

McGlasshan, T. H., ASddington, J., Cannon, T., Heinimaa, M., McGorry, P., O'Brien, M., Penn, D., Perkins, D., Salokangas, R. K. R., Walsh, B., Woods, S. W., & Yung, A. (2007). Recruitement and treatment practices for help-seeking "prodromal" patients. *Schizophrenia Bulletin, 33*, 715-726.

McGorry, P. D., Yung, A. R., Phillips, L. J., Yuen, H. P., Francey, S., Cosgrave, E. M., Germano, D., Bravin, J., McDonald, T., Blair, A., Adlard, S., & Jackson, H. (2002). Randomized controlled trial of interventions designed to reduce the risk of progression to first-episode psychosis in a clinical sample with subthreshold symptoms. *Archives of General Psychiatry, 59*, 921-928

McGovern, J., & Turkington, D. (2001). 'Seeing the wood from the trees' : a continuum model of psychopathology advocating cognitive behavioural therapy for schizophrenia. *Clinical Psychology and Psychotherapy, 8*, 149-175.

Miller, T. J., McGlashan, T. H., Rosen, J. L., Somjee, L., Markovich, P. J., Stein, K., & Woods, S. W. (2002). Prospective diagnosis of the initial prodrome for schizophrenia based on the structured interview for prodromal syndromes: preliminary evidence of interrater reliability and predictive validity. *American Journal of Psychiatry, 159*, 863-865.

Morrison, A. P. (1998). A cognitive analysis of the maintenance of auditory hallucinations: are voices to schizophrehia what bodily sensations are to panic. *Behavioural and Cognitive Psychotherapy, 26*, 289-302.

Morrison, A. P. (2001). The interpretation of intrusions in psychosis: an integrative cognitive approach to hallucinations and delusions. *Behavioural and Cognitive Psychotherapy, 38*, 265-280.

Morrison, A. P. (2004). Cognitive therapy for people with psychosis. In Read, J., Mosher, L. R., & Bentall, R. P. (Eds.), *Models of madness* (pp. 291-306). Reutledge Taylor & Francis Group.

Morrison, A. P., French, P., Walford, L., Lewis, S. W., Kilcommons, A., Green, J., Parker, S., & Bentall, R. P. (2004). Cognitive therapy for the prevention of psychosis in people at ultra-high risk-randomized controlled trial. *British Journal of Psychiatry, 185*, 291-297.

Moutoussis, M., Bentall, R. P., Williams, J., & Dayan, P. (2008). A temporal difference account of avoidance learning. *Network: Computation in Neural Systems 19*, 137-160.

Neenam, M., & Dryden, W. (2004). Cognitive therapy: *100 key points & techniques*. Routledge taylor & Francis Group.

Patterson, P., Skeate, A., & Birchwood, M. (2006). Treatment targets in the pre-psychotic phase. In Addington, J., Francey, S. M., & Morrison, A. P. (Eds.), *Working with people at high risk for developing psychosis: a treatment handbook* (pp. 75-92). John Wiley & Sons, Ltd.

Yung, A. R., McGorry, P. D., Francey, S. M., Nelson, B., Baker, K., Phillips, L. J., Berger, G., & Amminger, G. P. (2007). PACE: a specialized service for young people at risk of psychotic disorders. *Medical Journal of Australia, 287* (suppl.), s43-s46.

Yung, A. R., McGorry, P. D., McFarlane, C. A., Jackson, H. J., Patton, G. C., & Rakkar, A. (1996). Monitoring and care of young people at incipient risk of psychosis. *Schizophrenia Bulletin, 22*, 283-303.

Wells, A., & Matthews, G. (1996). Modeling cognition in emotional disorder: the S-REF model. *Behavioural Research and Therapy, 34*, 881-888.

White, T., Anjum, A., & Schulz, S. C. (2006). The schizophrenia prodrome. *American Journal of Psychiatry, 163*, 376-380.

Woods, S. W., Addington, J., Cadenhead, K. S., Cannon, T. D., Cornblatt, B. A., Heinssen, R., Perkins, D. O., Seidman, L. J., Tsuang, M. T., Walker, E. F., & McGlasshan, T. H. (2009). Validity of the prodromal risk syndrome for first psychosis: findings from the North American Prodrome Longitudinal Study. Schizophrenia Bulletin.

저자 소개

이수영

2009년 세브란스병원에서 정신과 전공의 수료 및 전문의 취득을 하였다. 2007년 은사인 안석균 교수로부터 정신증 고위험군에 대해 소개받은 후 정신증 고위험군의 진단과 예방을 위한 GRAPE(green program for recognition and prevention of early psychosis) 프로젝트에 참여하여 동료 전문가들과의 일 년여간의 토론과 공부를 통하여 GRAPE 인지치료를 공동 집필하게 되었다. 이후 보건복지가족부 지원으로 시행된 정신증 예방을 위한 고위험군 연구에 참여하였으며, 세브란스병원 Clinic FORYOU에서 고위험군 진단을 담당하고 있다. 현재 세브란스정신건강병원 임상연구조교수로 재직하고 있다.

김경란

2007년 세브란스병원에서 정신과 전문의를 취득한 후 현재까지 세브란스병원에서 진료와 연구를 해 오고 있다. 안석균 교수와 함께 연세대학교 의과대학 산하 의학행동과학연구소 정동 및 신경과학 부분에서 정신증 고위험군 클리닉인 Clinic FORYOU를 운영해 왔으며, 현재 연세대학교 의과대학 정신과학교실의 임상조교수로 근무하고 있다.

강지인

연세대학교 의과대학을 졸업하고 세브란스병원에서 정신과 수련을 마쳤으며 2006년 정신과 전문의를 취득하였다. 그 후 2년간 세브란스병원에서 정신과 연구강사로 활동하면서 Clinic FORYOU의 개설과 운영에 참여해 왔다. 현재 국민건강보험공단 일산병원에서 정신과 전문의로 재직하고 있다.

김보라

세브란스정신건강병원에서 2006년부터 정신과 전공의로 재직하며 안석균 교수와 정신분열증 환자를 대상으로 정서유발단어에 의한 정서 반응성의 손상과 관련된 연구를 진행해 왔다. 2010년 정신과 전문의를 취득한 후, 현재 국민건강보험공단 일산병원에서 연구강사로 재직하면서 한국어 정서유발단어집의 개발과 관련된 연구를 진행하고 있다.

최수희

2010년 세브란스정신건강병원에서 정신과 전문의를 취득하였고, 현재 강남세브란스병원에서 임상강사로 일하고 있다. 2006년부터 정신과 전공의로 수련하며, 기능뇌영상 및 가상현실기법을 바탕으로 정신분열병에서의 사회인지 및 정서 손상에 대한 연구를 하였으며, 사회불안장애의 행동장애와 기능뇌영상에도 관심을 두고 있다.

박진영

2007년 세브란스병원에서 정신과 전문의를 취득한 후 세브란스병원 연구강사를 역임했으며, 2008년부터 현재까지 국립공주병원 정신과에서 공중보건의사로 근무하고 있다. 뇌파를 이용한 정신과 환자의 진단 모델을 개발하고 있고, 한국인 표준정서사진을 제작하고 있다. 현재 국립공주병원 치매예방사업팀장 및 정신분열병 재활병동장을 맡고 있으며, 이를 통해서 지역사회 정신질환의 예방 및 정신과 환자들의 삶의 질 증진에 힘쓰고 있다.

이 은

2003년 세브란스병원에서 정신과 전문의를 취득한 후 세브란스정신건강병원에서 강사를 역임하였으며 국민건강보험공단 일산병원에 재직한 바 있다. 현재는 연세대학교 의과대학 세브란스병원 정신과 조교수로 근무 중이다. 이 책의 저자들과 함께 정서에 관한 연구를 진행하고 있다.

안석균

1998년 세브란스병원에서 정신과 전문의를 취득한 후 현재까지 세브란스정신건강병원에서 정신증에 대한 진료에 매진하였으며, 정신분열증의 정서 손상에 대한 연구를 계속하여 왔다. 2004년부터 2006년까지 런던 대학교 킹스칼리지 정신의학연구소의 정서 및 신경과학섹션에서 Mary Phillips 교수로부터 역겨움 정서를 중심으로 한 기능성자기공명영상 연구법에 대해 연수하였다. 2006년 귀국 후 현재까지 정신분열증 및 정신증 고위험군의 정신사회적 측면과 신경과학적 측면의 통합을 꾀하는 연구를 하고 있다. 2007년부터는 세브란스정신건강병원과 세브란스병원에 고위험군 연구 클리닉인 Clinic FORYOU를 개설 · 운영하고 있다. 2004년부터 2009년까지 런던 대학교 킹스칼리지 정신의학연구소의 방문 상급강사를 역임하였으며, 연세대학교 의과대학 정신과학교실의 전임강사, 조교수를 거쳐 현재 부교수로 재직하고 있다.

〈전문가 매뉴얼〉
고립, 방황, 혼란, 착각 및 낯선 소리에 대한
GRAPE 인지치료

2010년 7월 15일 1판 1쇄 발행
2022년 3월 10일 1판 2쇄 발행

지은이 • 이수영 · 김경란 · 강지인 · 김보라 · 최수희 · 박진영 · 이 은 · 안석균
펴낸이 • 김진환
펴낸곳 • (주) 학지사
04031 서울특별시 마포구 양화로 15길 20 마인드월드빌딩
대표전화 • 02)330-5114 팩스 • 02)324-2345
등록번호 • 제313-2006-000265호

홈페이지 • http://www.hakjisa.co.kr
페이스북 • https://www.facebook.com/hakjisabook

ISBN 978-89-6330-452-6 93180
978-89-6330-451-9 (set)

정가 18,000원

저자와의 협약으로 인지는 생략합니다.
파본은 구입처에서 교환해 드립니다.